CARLITO NETO

© Copyright Carlito Neto, 2022

Direitos reservados e protegidos pela lei 9.601 de 19.02.1998. É proibida a reprodução total ou parcial sem autorização, por escrito, da editora.

Coordenação Editorial: Sálvio Nienkötter
Editor executivo: Caroline Costa e Silva
Editor adjunto: Claudecir Rocha e Daniel Osiecki
Capa: Jussara Salazar
Produção: Cristiane Nienkötter
Diagramação: Caroline Costa e Silva

Dados Internacionais de Catalogação na Publicação (CIP)
Angelica Ilacqua CRB-8/7057

Neto, Carlito.
  Mito: a cronologia do caos / Carlito Neto - Curitiba : Kotter Editorial, 2022.
  164 p.

  ISBN 978-85-5361-087-3

  1. Ciência política - Brasil. 2. Brasil - política e governo 3. Bolsonaro, Jair Messias, 1955. I. Título

22-2727   CDD 320

Kotter Editorial
Rua das Cerejeiras, 194
82700-510 | Curitiba - PR   Feito o depósito legal
+55 41 3585-5161   1ª edição
www.kotter.com.br | contato@kotter.com.br   2022

SUMÁRIO

Aras apoia golpe ade Bolsonaro? __5

Ex-PGR manda carta denúncia contra Bolsonaro ____ 9

Lira venceu! Maia perdeu! Não podemos confiar no DEM ___ 15

Protegido! Bolsonaro não para de cometer crimes! ____23

Se deu mal!! STF, PGR e Câmara contra deputado Daniel Silveira __ 25

Bancada evangélica contra Bolsonaro no Congresso ___29

Bolsonaro covarde cancela pronunciamento ____ 33

Pesquisa mostra Bolsonaro derrotado____ 37

Polícia Federal na cola de filho de Bolsonaro!! ___ 41

Bolsonaro com medo de ficar de fora em 2022 ___ 45

Isso precisa mudar urgentemente!__ 47

Funcionário confirma que Flávio Bolsonaro usou Receita Federal para se safar ___ 51

Bolsonarismo e Nazismo. Coincidências? Ou uma triste semelhança? _____ 55

De médico a pastor. Polêmica na indicação ao STF___ 63

Semipresidencialismo no Brasil? A nova investida do PSDB e Arthur Lira ___67

Bolsonaro é neonazista! Agora ele não pode mais negar__ 73

Quem vai parar Bolsonaro?__ 79

Quem vai prender Carlos Bolsonaro? __ 85

Gabriela Prioli gera ódio nos homens pouco inteligentes____ 89

A chefe das Rachadinhas do clã Bolsonaro __ 93

Qual é o verdadeiro Bolsonaro? __ 97

Lula e Luiza Trajano, uma chapa imbatível para 2022? ____101

Bolsonaro chora e implora para Carluxo não ser preso __ 105

A extrema-direita continua forte, não se engane! ____ 111

Bolsonaro tenta voltar a 2018, a extrema-direita é o que lhe resta _ 115

Queiroga tenta, mas não consegue fugir da ciência!!__ 119

O Brasil depois de Bolsonaro ____ 121

Ex-aliados podem delatar Jair Bolsonaro e família____123

Moro pode ser Senador pelo Distrito Federal ____ 127

Erros na estratégia do PT, ajuda no crescimento de Bolsonaro ____ 131

Pesquisas e mais pesquisas: Em qual tipo de pesquisa confiar? __ 135

Lula tem direito à escolta armada! Mas Bolsonaristas acham que não____139

ARAS APOIA GOLPE DE BOLSONARO?

Depois que o Procurador Geral da República, Augusto Aras, falou que a situação no Brasil tem se encaminhado por causa da decretação da Calamidade Pública e do descontrole geral, o governo poderia decretar o Estado de Defesa, várias pessoas ficaram preocupadas.

Ministros do Supremo Tribunal Federal vieram a público mostrar sua insatisfação com essa fala do Procurador.

Em meu canal do Youtube, *O Historiador*, tive a oportunidade de publicar um vídeo a esse respeito. Na verdade, era um vídeo-resposta ao Deputado Kim Kataguiri, que havia se manifestado de uma forma que demonstrou seu desconhecimento sobre a diferença de Estado de Sítio e Estado de Defesa, quando afirmou que o presidente poderia decretar Estado de Sítio a qualquer momento. Naquela oportunidade, pude deixar claro que não é assim, notadamente, que não é tipo: declarou o Estado de Defesa, decretou o Estado de Sítio, tá decretado e fica tudo por isso mesmo.

Ao contrário, existem critérios legais que regulam o Estado de Defesa, inclusive no que concerne a que ele seja mantido ou para que o estado de defesa seja revogado.

Os artigos 136 e 137 da Constituição tratam do Estado de Defesa e Estado de Sítio. Ter os havido desconsiderado representa e demonstra uma clara falta de responsabilidade por parte do Procurador Augusto Aras. Afinal, mesmo que Bolsonaro decrete o Estado de Defesa, ele pode ser revogado em questão de horas pelo Congresso, Senhor Aras.

Há algum tempo o Deputado Kim Kataguiri deu uma entrevista para Rafinha Bastos e declarou que começará se preocupar com a postura do Presidente que afronta a Constituição e outros códigos do nosso país e que um dia o Bolsonaro poderia decretar o Estado de Sítio, roubar os dados de todo mundo, e depois de reunido o Congresso conseguiriam reverter, mas aí já teriam se passado 4, 5 horas e o Bolsonaro poderia grampear todo mundo e colocar nossas liberdades em risco.

À época expliquei que existe uma grande diferença entre o Estado de Sítio e Estado de Defesa. O Estado de Defesa, em linhas gerais, pode ser decretado pelo Presidente da República, mas desde que apresente as justificativas ao seu Conselho de Representantes da República que o acompanha. O Presidente pode decretar o Estado de Defesa que, em tese, tira ou limita algumas liberdades. Por exemplo, permite grampear telefones, já que tira o sigilo telefônico e de telecomunicações e também pode decretar algumas prisões por supostos crimes contra o Estado e pode proibir reuniões, como encontro de partidos e afins.

Contudo, após a decretação do Estado de Defesa, o Presidente da República tem que comunicá-lo em até 24 horas ao Congresso, junto com a justificativa para que tal ato tenha sido decretado. O Congresso, por sua vez, terá até dez dias para decidir se mantém ou revoga o Estado de Defesa.

Essa revogação aconteceria de forma simples no nosso país, notadamente no atual momento, em que o Presidente está passando por um período de forte insatisfação popular.

Cabe apresentar aqui a grande diferença entre Estado de Defesa e Estado de Sítio. O Estado de defesa, como falamos acima, pode ser decretado por 30 dias a "bel-prazer" do Presidente. Mas aí ele tem 24 horas para encaminhar ao Congresso os motivos pelos quais ele decidiu decretar esse Estado de Defesa, abrindo dez dias de prazo para que o Congresso delibere e confirme ou revogue a decretação.

No caso do estado de sítio, os pressupostos para sua decretação têm outra liturgia. Ainda que as consequências legais, em tese, seriam quase que as mesmas, em especial a suspensão de alguns direitos individuais, como o de reunião e de sigilo das comunicações, no caso do Estado de Sítio, antes de o presidente decretá-lo ele precisa encaminhar para o congresso os motivos pelo qual se faz necessária a sua decretação do estado de sítio e daí o congresso delibera se pode ou não colocá-lo em prática, tendo portanto o Congresso a palavra final, ainda que a intenção da iniciativa seja presidencial, mas o Estado Sítio só seria decretado caso o congresso aprovasse.

Temos acompanhado gente preocupada com que o presidente decrete Estado de Sítio tão logo decrete o estado de Defesa. Porém, como vimos, isso não pode se dar, por força de lei.

Para que fique claro, o estado de Defesa é decretado pelo presidente e em seguida confirmado ou não pelo Congresso. Já o estado de sítio precisa ter aprovação prévia do Congresso.

Daí que a reação dos ministros do STF não se refere a se o Bolsonaro pode ou não decretar o Estado de Defesa, até porque pode; a questão levantada é a absoluta falta de cuidado de Augusto Aras para tratar da questão, o que torna sua abordagem inapropriada, despropositada e até autoritária.

Ele erra até ao afirmar que não cabe à PGR analisar se Bolsonaro cometeu ou não crime de responsabilidade, que isso caberia aos parlamentares, ao Congresso.

Ao dizer isso, ele abandona a função do Ministério Público, já que o papel do Ministério Público é claro: Fiscalizar se as leis estão sendo cumpridas da maneira correta, desde que seja provocado. Estas provocações estão sendo feitas com frequência, tanto que uma das denúncias feitas contra o Bolsonaro, que envolve suposta interferência na Polícia Federal, pode acabar resultando em um inquérito instaurado pela PGR. E esse inquérito pode resultar em um pedido de impeachment para o Congresso, já que em nosso país o processo de impeachment é um processo jurídico-político, cabendo ao congresso decidir pelo afastamento ou não do representante do executivo, assim como para qualquer outro processo que envolva o afastamento do chefe da nação, exceto nos casos de cassação de chapa do presidente da república e o seu vice, algo para o qual o Tribunal Eleitoral tem alçada.

Há, neste contexto, uma coisa que precisa ficar mesmo muito clara aqui. Se o Bolsonaro decretar Estado de Defesa, corremos o risco de ele ter acesso às comunicações por pelo menos pouco mais de 24 horas. Nesse período ele pode também pedir a prisão de algumas pessoas, alegando crimes contra o Estado. O tempo máximo em que ele pode fazer isso são as 24 horas que é o prazo que ele tem para só então informar formalmente o Congresso, mais as horas necessárias para os ritos no congresso que revogaram o decreto.

Existe sim o risco adicional de o Bolsonaro reter tudo que obtiver de informações por meio da quebra de sigilo e usá-las mais tarde em seu favor. Quanto a isso alguns questionamentos se podem fazer dentro da lei.

Deste episódio resta que o STF e a sociedade informada ficaram preocupadas não com a possibilidade constitucional de decretação de Estado de Defesa, mas com a obscena omissão do Senhor Aras com o que tem acontecido nosso país, com o descaso com a saúde pública, com a situação calamitosa que estamos passando. Com a quantidade de crimes cometidos pelo presidente da república e seus ministros. Pela omissão de alguns representantes do Poder Judiciário e/ou de quem deveria fiscalizar o Poder Judiciário. É isso que está faltando ao nosso país para que a lei seja aplicada da maneira correta, cuja aplicação teria de ser a preocupação máxima de Augusto Aras.

Em síntese, o Estado de Defesa é legal e pode sim vir, caso preencha as condições legais, embora isso esteja muito dificultado pela baixa e cadente aprovação do presidente. Se vier terá efeitos muito limitados, dado o prazo exíguo a que pode ficar em vigor sem a aprovação do Congresso Nacional, aprovação completamente impensável no momento atual, de perda de apoio público e político.

22/01/2021

EX-PGR MANDA CARTA DENÚNCIA CONTRA BOLSONARO

Um grupo de 15 ex-membros da Procuradoria Geral da República, formado por subprocuradores e até mesmo ex-procurador-geral da República, assinaram um documento pedindo para que Augusto Aras, o atual PGR, denuncie Bolsonaro por crimes contra a saúde pública. Crimes estes, inclusive, que poderão resultar em até 15 anos de prisão.

Eu já havia feito em minhas mídias sociais, em conjunto com outras pessoas, várias denúncias em relação a esses crimes que têm sido cometidos pelo Bolsonaro.

Esses representantes da PGR listaram alguns pontos que ajudariam a embasar tal denúncia. Porém, nos bastidores da política é sabido que Augusto Aras tem a esperança de ser indicado pelo Bolsonaro a uma vaga no STF. Talvez esse seja o motivo para o atraso dessas denúncias, que deveriam ser feitas pelo Procurador Geral contra o presidente criminoso e genocida.

A coisa mais triste, de certo modo, é que eu, mero aluno do curso de Direito, já tinha conseguido identificar, também, os crimes que o Bolsonaro supostamente (utilizando o jargão jurídico) teria cometido causado por dolo ou dolo eventual em relação a suas ações e/ou omissões como chefe do executivo nacional.

Segundo esses ex-membros da PGR, vários elementos seriam utilizados para poder embasar denúncia contra Bolsonaro, em especial por crimes contra a saúde pública.

Os dez pontos que os ex-membros elencaram para denunciar os crimes de Bolsonaro são os seguintes:

Reiterados discursos contra a obrigatoriedade da vacinação, além de lançar dúvidas sobre a sua eficácia e efeitos colaterais;

Ausência de adoção das providências necessárias para adequada conformação logística da distribuição dos imunizantes pelo país;

A imposição de obstáculos à produção e aquisição de insumos, como ocorreu no caso de agulhas e seringas;

Ausência de resposta do governo brasileiro à oferta da empresa Pfizer em agosto de 2020, de aquisição de 70 milhões de doses do seu imunizante;

Declarações públicas diversas, inclusive por meio de suas redes sociais, de que não adquiriria a vacina fabricada pelo Instituto Butantan em parceria com o laboratório chinês Sinovac;

Desrespeito à recomendação da Organização Mundial de Saúde sobre a necessidade de campanhas eficientes de esclarecimento da população a respeito da imperatividade da máxima cobertura vacinal para eficácia do controle da doença;

Apologia ao uso de medicamentos comprovadamente ineficazes e/ou prejudiciais aos pacientes portadores de COVID-19;

Má utilização de recursos públicos na produção em larga escala, pelo Exército Brasileiro, de cloroquina e hidroxicloroquina, contraindicados em muitos casos clínicos por chances de complicações cardiovasculares e aquisição de insumos com preços até três vezes superiores ao habitual;

Veto ao trecho da lei de diretrizes orçamentárias de 2021, que impediam o contingenciamento de despesas relacionadas com "ações vinculadas à produção e disponibilização de vacinas contra o coronavírus (COVID-19) no Brasil e à imunização da população brasileira";

A prescrição, pelo governo brasileiro, do chamado "tratamento precoce" diante do alerta da escassez de oxigênio hospitalar na cidade de Manaus, cumulada com o aumento do imposto sobre a importação de cilindros dias antes do colapso no Estado do Amazonas.

Ainda segundo esses representantes, Bolsonaro sempre soube das consequências das suas condutas, mas resolveu correr o risco. Isso caracteriza ao menos dolo eventual, pois ele sabia que havia a possibilidade de morte por conta das suas ações e, mesmo assim, decidiu assumir o risco.

Segundo esse documento, então, há dolo e dolo eventual, ou seja, não há ação culposa por parte do presidente Bolsonaro em seus atos. Eu me pergunto, depois de mais de 200 mil mortes em nosso país pela covid-19, mais de 30 casos confirmados até agora de pacientes que morreram em Manaus por asfixia, pela falta de oxigênio, como, nesse momento, o presidente ladrão, genocida e assassino consegue emplacar o seu indicado na Câmara dos Deputados? Isso acontece por conta da falta de seriedade que tem invadido os poderes do nosso país. Estamos nessa situação porque quem deveria fazer valer a lei no legislativo, não faz, quem deveria fazer a lei funcionar no judiciário, também não o faz e, o pior de tudo, quem deveria fiscalizar a aplicação de tais leis, que seria a PGR, através do covarde Procurador Augusto Aras que ocupa essa cadeira, simplesmente prevarica e ignora tudo que está escrito na lei.

Para Augusto Aras, Rodrigo Maia e para todos os outros que foram coniventes e até mesmo partícipes de forma indireta desse evento que tem acontecido no mundo e que no nosso país já levou mais de 225 mil vidas, só me resta dizer que vocês ficaram com as mãos sujas de sangue para o resto da vida. E, ainda, entrarão na pior parte da história, representado por esse momento que o nosso país está passando. Vocês estão sendo coniventes com o crime de genocídio cometido em nosso país. Vocês terão as mãos sujas de sangue para sempre, por causa da sua omissão com os crimes que o Bolsonaro cometeu e tem cometido desde o seu primeiro dia como presidente da República e que muito se agravou nesse período da pandemia da covid-19.

Diante dessa vista grossa das autoridades, o presidente sabe que a PGR nada vai fazer contra ele. Tanto que ele voltou a compartilhar informação falsa sobre a cloroquina, juntamente com os filhos criminosos dele. Se apresentam denúncias à PGR, se vai ao STF, encaminha para lá e para cá e nada é feito.

Enquanto isso, o povo brasileiro morrendo por omissão do Estado ou do Presidente da República, que faz de tudo para atrapalhar o combate à pandemia, como diz o documento aqui citado.

Essa culpa também é da falta de capacitação técnica do pior Ministro da Saúde que o nosso país já teve. Agora, temos tudo de pior: pior presidente; o pior Ministro da Educação; o pior Ministro da Saúde; o pior Ministro das Relações Exteriores. Tudo de pior em um momento em que a gente não poderia ter tudo de pior. Bolsonaro é, além de tudo, o pior presidente do mundo no combate à pandemia da covid-19.

O mundo já viu e vem vendo que ter um presidente inepto, doentio e incapacitado ocupando o cargo pode resultar em um possível colapso mundial. Os Estados Unidos entenderam isso e tiraram o lunático do Trump do poder. Por que que aqui no Brasil a gente não consegue fazer valer a lei?

"Ah, Carlito, é porque a gente não manda". Manda sim! Escolham políticos melhores nas próximas eleições, como aconteceu agora em 2020 em várias cidades do nosso país. Quando temos um Congresso tosco como esse que temos agora, vemos os políticos que entraram por sorte eleitoral, por uma onda doentia chamada bolsonarismo, que eles vão fazer de tudo para se perpetuar no poder, já que muitos não se reelegerão em 2022 apenas com o discurso pró-Bolsonaro. Precisamos aprender a votar e a cobrar depois.

"Ah, mas tem que ir para rua protestar". Não tem que ir para rua protestar agora, para não pegar essa doença maldita e acabar morrendo. Por isso que esse desgraçado quer atrasar a vacinação, porque se vacinar o nosso povo, nós vamos para rua.

Outro agravante é que segundo informações econômicas divulgadas por várias agências, se o Brasil conseguir vacinar pelo menos o número mínimo recomendado da sua população até agosto, o país cresceria 5,5% esse ano. Esse inepto desgraçado colheria frutos da sua própria incompetência, mesmo assim ele não age.

Me perdoem a revolta, mas não tem como ficar tranquilo vendo esse canalha criminoso conseguir emplacar o seu candidato à presidência da Câmara e ver, apenas um post de um político ou outro da esquerda achando que fez muito, que denunciou o mito. Parem de zombar da cara do povo.

Mande esse texto para o político que você acha que tem de ler e perdoem a falta de tranquilidade. Nem todo dia eu tenho sangue de barata para falar tudo tranquilinho do jeito que eles querem.

03/02/2021

LIRA VENCEU! MAIA PERDEU! NÃO PODEMOS CONFIAR NO DEM

A falta de articulação da esquerda e a falta de coragem de Rodrigo Maia, que nunca teve tanta influência política quanto imaginou que poderia ter, facilitou a eleição em primeiro turno de Arthur Lira (PP) para o cargo de presidente da Câmara, com 302 votos, na última segunda-feira.

Coerentemente, a maioria dos deputados bolsonaristas votaram com Arthur Lira. Mas também houve votos de dentro da esquerda que ajudaram a eleger o atual presidente da Câmara, dentre eles deputados do PT, PDT e PSB.

As lideranças desses partidos estão fazendo política tal qual se fazia na década de 80 e isso está fazendo com que a esquerda perca a relevância. Cada vez mais, a esquerda está se tornando nanica e o pior, na era das tecnologias digitais e redes sociais a esquerda ainda parece analógica.

Sei que esta é uma crítica que as pessoas não querem ouvir. Porém o meu compromisso é trazer a informação correta, por mais que eu simpatize com o objeto de minha crítica. Mesmo sem ofender ninguém, a verdade dói e vai doer.

É necessário relembrar a queda de aprovação popular do presidente, justamente por conta da maneira errada que ele tem lidado com a pandemia da covid-19.

Apesar disso, o presidente conseguiu emplacar seus aliados na presidência da Câmara e do Senado. Porém, a eleição de Arthur Lira não é nenhuma surpresa.

Já no dia 18 de dezembro, postei um vídeo intitulado "Bolsonaro arma reviravolta surpreendente" em que afirmo que ele faria a tentativa de eleger o deputado do PP. Em minha análise, eu concluí, ainda, que em março Bolsonaro voltaria para o PP, que foi seu partido até 2016.

Com isso, ele conseguiria pressionar Lira a não aceitar os pedidos de impeachment contra ele, já que seriam do mesmo partido. Esta aliança seria interessante tanto para o PP, quanto para Bolsonaro, que poderia ganhar uma sobrevida.

Esta sobrevida não diz respeito a elevar seu índice de aprovação, mas sim o manter no cargo até o final do seu mandato, já que no nosso país o processo de impeachment é um processo jurídico-político. Portanto, para que o processo seja levado a cabo, é necessário o crime, ou seja, o fato jurídico, e a aprovação política.

Sem esta última, se repete o mesmo que sucedeu na gestão do Rodrigo Maia, em que mais de 50 pedidos de impeachment foram simplesmente ignorados. Todo esse movimento fez com que Maia saísse menor do cargo, humilhado pelo próprio partido.

Já minha crítica em relação à esquerda diz respeito às parcerias erradas que tem sido feitas, em especial por alas próximas do Ciro e do PT.

Um exemplo se mostra na situação da eleição municipal de São Paulo, na qual a esquerda preferiu se fragmentar ao invés de apoiar o Guilherme Boulos, correndo o risco, inclusive, de ser humilhada, como acabou acontecendo PT que perdeu grande parte da sua força. Mas o PT é o PT.

No Rio de Janeiro, a situação foi ainda pior. A esquerda tinha condições sólidas de ir para o segundo turno disputar de igual para igual. A pesquisa prévia colocava o Marcelo Freixo como segundo colocado nas intenções dos votos, mesmo antes de todas as polêmicas do governo do Marcelo Crivella.

Porém não houve consenso em torno do nome do Freixo. A consequência foi um segundo turno entre Crivella e Paes. A eleição foi entregue para eles.

Para o PT, a culpa foi do PDT. Já para o PDT, a culpa foi do PT. E para o PSOL, a culpa foi dos dois partidos que não aceitaram fazer uma aliança forte em torno de seu candidato. E esse pensamento faz sentido, pois sabemos que para a esquerda voltar ao poder, precisaremos ser pragmáticos e parar de se fragmentar tanto.

Outra situação digna de nota é que, no meio do ano passado, Ciro Gomes comentou, em uma live no canal do meu amigo Guga Noblat, que aceitaria uma chapa com Rodrigo Maia e com o DEM e se justificou dizendo que seu objetivo era ganhar a eleição.

Em outro momento, quando o questionei sobre isso em meu canal, Ciro reforçou que aceitaria uma chapa com o DEM, mas não necessariamente com Maia.

A militância cirista insiste em afirmar que essas declarações são antigas. Porém, uma pesquisa rápida às entrevistas do pedetista no programa do Datena, que virou seu quintal, desmentem tal afirmação. Nestas ocasiões, Ciro se diz muito orgulhoso das alianças que o PDT fez no Nordeste e se vangloria até mesmo das chapas conjuntas com o DEM e o PSDB, alegando ser demonstrativo de pragmatismo.

Entretanto, não há como montar uma chapa pragmática nesse nível, porque os eleitores da direita não votariam na esquerda apenas porque o vice ou cabeça de chapa é de um lado ideológico e o outro é do outro lado. Ao contrário, isso causa ou o afastamento de parte do eleitorado, ou leva esses votos para outros blocos ideológicos específicos, a esquerda ou a direita.

Assim, pessoas em dúvida e que não votariam, por exemplo, em um partido de direita, procurariam um candidato de centro-direita. Pessoas que não votariam em candidato de esquerda procurariam um candidato de centro-direita também.

Por essa e outras colocações mais duras, parte da esquerda me atacou. Essa esquerda fanatizada venera seus próprios mitos, seja o Lula, o Ciro, a Gleisi ou quem quer que seja.

No entanto, eu não sou palpiteiro. As críticas que faço são embasadas, assim como as de meus colegas que representam a nova geração dos cientistas políticos desse país.

Por isso que algumas coisas me incomodam. Alguns dinossauros políticos estão ficando atrasados em relação à estratégia política e se recusam a nos ouvir.

O único político que teve a humildade de ouvir o que tínhamos a falar foi Guilherme Boulos, não só ouviu como colocou em prática algumas das sugestões. E ele teve um resultado surpreendente, quase ganhando a eleição do maior colégio eleitoral do Brasil e berço da direita elitista.

Reitero que a crítica tem de ser feita. Porém no dia da eleição sejamos adultos e maduros para escolher aquele que acharmos mais preparado, levando tudo em consideração.

Meu trabalho é tão sério que já em dezembro eu analisei a possibilidade da formação do cenário em que estamos hoje, com Arthur Lira na presidência da Câmara. Digo ainda: a probabilidade do Bolsonaro voltar para o PP é de quase 100% e o pedido de impeachment é praticamente impossível de passar a partir de agora.

Contudo temos de separar o joio do trigo, porque a impossibilidade do pedido de impeachment passar não significa que a aprovação do presidente vai aumentar.

Apesar disso, não deixa de ser absurdo esses 302 votos, sendo parte do PSDB e DEM, que têm sido bajulados por grupos de esquerda. E não podemos criticar sem sofrer ataques. Me pergunto: cadê as lideranças de esquerda?

É, da mesma forma, absurda a diferença dos canais no Youtube de políticos de direita em comparação com os de esquerda.

O canal do Haddad foi criado em 2019 e o do Lula foi criado na metade de 2018 apenas.

O canal do Haddad tem 350 visualizações por dia, aproximadamente. O do Lula, a maior liderança de esquerda desse país para alguns políticos e estatisticamente o político mais bem avaliado da história, 1400 visualizações diárias. O canal do PT tem 8400 visualizações em um dia.

Sabe quantas visualizações no perfil do YouTube do Bolsonaro? 200 mil por dia. A diferença é gritante. Esse foi um dos motivos que nos fez perder a eleição. Não entender as mídias sociais e novos meios de fazer política.

Dá para contar nos dedos os canais que esses líderes de

esquerda participam com regularidade. Eu, por exemplo, consegui falar com alguns deles apenas no período de eleição. Atualmente, alguns nem me respondem mais no WhatsApp.

O único que se mantém exatamente igual desde o primeiro dia que conversamos é o Guilherme Boulos. Ele me responde educadamente e, quando tem alguma informação nova, me passa com detalhes.

É desesperador perceber, nessa altura do campeonato, faltando pouco mais de um ano para o próximo pleito eleitoral, qual o cenário para 2022?

Teremos cenários de mitos diferentes: o mito do PDT, o mito do PT, o mito do PSOL, do PSL, do PP. Salvadores da Pátria. "A solução é Lula", "A solução é Ciro". Não, a solução é tirar o povo desse buraco no qual nos encontramos.

O que aconteceu com o Arthur Lira essa semana foi culpa da esquerda, que não soube se articular e confiou em lideranças de direita, que não são confiáveis.

Vamos continuar a militância sem bajular político nenhum, porque quem está se ferrando é você, meu amigo, que precisa aceitar qualquer trabalho precarizado, já que nem auxílio tem mais.

Vamos à luta. Porque, aparentemente, cabeça vazia não é só oficina para Bolsonaro.

06/02/2021

PROTEGIDO! BOLSONARO NÃO PARA DE COMETER CRIMES!

Minha maior preocupação com a eleição do Arthur Lira para presidência da Câmara dos Deputados era que o processo de impeachment ficasse empacado.

Por saber que seu aliado seguraria os processos, Bolsonaro poderia continuar a cometer crimes com a tranquilidade de que se manteria no cargo. Aliás, se por algum motivo o impeachment passasse pela Câmara, ainda teria alguma resistência no Senado, em que outro aliado seu, Pacheco, assumiu a presidência também.

O nosso país já ultrapassou a casa dos 230 mil mortos por covid-19. Todos os dias, têm-se notícias de pessoas morrendo que são famosas, pessoas jovens, crianças, adolescentes, pessoas inclusive com condicionamento de atleta, sem condicionamento de atleta. Mesmo assim, o presidente continua explicitamente mentindo e espalhando desinformação.

Como o pusilânime que é, colocou o cartão corporativo no sigilo, para que possa roubar tranquilamente sem que nós possamos fiscalizar suas compras. Mais recentemente, também colocou seu cartão de vacinação sob sigilo.

Por mais que estejam chegando novas vacinas, nosso país está atrasado. Pesquisas indicam que se mantermos o ritmo de vacinação em que estamos, o Brasil só conseguirá atingir a imunidade de rebanho, quando a população brasileira passa a ter segurança, em aproximadamente 4 anos.

Outra pesquisa recente mostra que se o Brasil fizesse o processo da aplicação da vacina de forma correta, até agosto teríamos um crescimento de 5% na nossa economia.

Aos empresários pouco inteligentes que culpam somente o prefeito da sua cidade ou governador do seu estado por conta do problema sanitário/econômico, saibam que a economia está ruim muito por culpa direta do Presidente da República e do Ministro da Saúde.

Independente de apoiar Bolsonaro ou não, as consequências da omissão do criminoso que ocupa a cadeira do executivo nacional hoje recaem sobre os empresários, além de nós, que somos o povo. Não existe uma preparação do governo para que o comércio reabra, nem tão pouco, real interesse dos governistas em recuperar a economia nacional.

Só em janeiro, tivemos dois milhões de brasileiros voltando ou entrando na linha da pobreza. Isso aconteceu por conta diretamente do fim do auxílio emergencial e da falta de suporte do governos aos empresários e trabalhadores do Brasil.

Além disso, o governo Bolsonaro tem travado qualquer tipo de negociação pelas vacinas, como aconteceu com a China e a Índia. Tivemos que contar com o bom senso desses países para adquirir IFAs e produzir novas doses de vacina.

Se depender do presidente, de seus filhos bandidos e de seus apoiadores alienados, ficaremos dois, três ou até quatro anos vendo pessoas próximas morrendo e o país naufragando. Tudo isso por causa de Jair Messias Bolsonaro, que não para de cometer crimes.

Esta minha afirmação não é suposição. Na última quinta--feira (04), em visita à região de Santa Catarina e Paraná, o nosso Presidente voltou a cometer crimes contra a saúde pública e voltou a mostrar o seu desprezo pela vida.

Nessa ocasião, ele seguiu em seu discurso clichê de que são lastimáveis as perdas, mas todos nós iremos embora um dia. "Obviamente lamentamos as mortes. Mas é uma realidade e não podemos parar o Brasil por isso", disse Bolsonaro no Paraná. Em Santa Catarina, o presidente fala que a pandemia "veio para ficar".

Porém, a pandemia não veio para ficar, um ótimo exemplo é Israel, que está próximo de voltar à normalidade. Neste exato momento, cerca de 70% da população israelense está vacinada contra a covid-19. Segundo especialistas, para que se consiga a chamada imunidade de rebanho, é necessário que entre 78 a 85% da população receba o imunizante.

Portanto, a solução para a pandemia não está longe. A única coisa que falta é boa vontade do chefe do executivo nacional e do seu corpo ministerial.

Sabemos que Israel é muito menor que o Brasil, todavia, nosso governo dispensou a compra de 70 milhões de doses da vacina Pfizer em agosto do ano passado. Recentemente, veio à tona que laboratórios brasileiros, trabalhando em parceria com laboratórios estrangeiros, como o Butantã, procuraram o governo para a venda de 30 milhões de doses, que também foram dispensadas.

Após não aceitar a compra de imunizantes, Bolsonaro agora afirma que a pandemia "veio para ficar", embora tenha dito pouco antes que ela estava no "finalzinho".

"Agora é uma pandemia que veio para ficar. Não adianta ficarmos nos lastimando.", disse ele. Não adianta? Todos os dias morrem 1000 pessoas e o presidente não vê problema. Quantos mais precisam morrer todos os dias para que você fique satisfeito, Bolsonaro?

"Fazendo placares daquilo que é ruim, que vem acontecendo", continuou. Na verdade, o que é ruim que vem acontecendo em nosso país é que a pandemia ainda está em descontrole em várias regiões.

Mesmo assim, as pessoas que deveriam ter a responsabilidade e tentar estancar esse problema são o Presidente e o Ministro da Saúde, que vêm cometendo diversos crimes.

Cometidos pelo senhor Jair Messias Bolsonaro, os crimes se enquadram em genocídio, em crimes contra a saúde pública e contra a humanidade. Estes estão sendo listados por especialistas e operadores do direito do Brasil e do resto do mundo, já que o Brasil é signatário de alguns acordos internacionais, como é o caso do Estatuto de Roma.

Da mesma forma, Pazuello ainda será preso por todos seus crimes. Talvez não durante seu mandato, pois há a questão do processo do inquérito, mas com certeza depois de desocupar a cadeira será preso.

Por isso tenho a minha preocupação em relação ao Arthur Lira, pois Bolsonaro está tranquilo com a certeza de que não sofrerá impeachment.

Além disso, outra resistência ao impeachment é o fato deste precisar passar pelo Congresso e pelo Judiciário, pois o processo é político-jurídico.

Quando falamos que Bolsonaro é fascista, não o fazemos por gostar da palavra fascista.

Podemos comprovar que o bolsonarismo se assemelha ao fascismo com a leitura do livro "Como Funciona o Fascismo", de Jason Stanley. Este livro poderia ser facilmente confundido com um manual que o Bolsonaro estudou para colocar em prática o seu pensamento fascista em nosso país.

É lamentável que estejamos nessa situação, parece um pesadelo que quando acordamos de manhã, ele só piora. É muita gente morrendo, entrando na linha da pobreza, perdendo o emprego e entrando em desespero.

Eles querem nos vencer pelo cansaço. Porém, para esse clã de bandidos, aviso que pelo cansaço vocês não vão nos vencer.

12/02/2021

SE DEU MAL!! STF, PGR E CÂMARA CONTRA DEPUTADO DANIEL SILVEIRA

Daniel Silveira foi preso e achou que ficaria somente uma noite na cadeia. Porém a primeira noite já se passou, ele foi preso na noite de terça-feira (16), passando a noite de terça, quarta (17) e quinta (18) na prisão. Na sexta, o congresso, através dos seus pares decidiu manter Daniel Silveira preso, então passará mais alguns dias no "xilindró" e provavelmente terá seu mandato de deputado federal cassado pela casa.

A denúncia foi formalizada pela PGR por meio da figura do vice-presidente Humberto Jacques. A fundamentação da denúncia encaminhada pelo PGR ao STF cita alguns crimes contra a Lei de Segurança Nacional, lembrando que no pedido de prisão encaminhado pelo ministro do STF Alexandre de Moraes, além dos possíveis crimes contra a LSN ele cita o Artigo 5º Inciso XLIV da Constituição Federal. O ex-ministro Ayres Britto também já apontava a possibilidade de enquadrar os apoiadores e deputados bolsonaristas neste artigo.

Daniel Silveira pode ser a ponta de lança para que sejam legalmente punidos outros apoiadores do presidente Bolsonaro, que acreditam que, por terem mandato legislativo, têm superpoderes e que estão acima da lei.

Ele ameaçou alguns ministros do STF, inclusive acusando-os de cometer supostos crimes. Então, a situação ficou complicada para ele.

Silveira demonstra ser um indivíduo que tende a não seguir a lei, em algum momento ele seria punido. Conversei sobre isso com o doutor Bruno Silvestre e o Tássio Denker, operadores do direito.

Nós chegamos à conclusão de que só poderia ser mantida a prisão do deputado caso ela se enquadrasse em um artigo que contemplasse o flagrante e o crime inafiançável. Segundo a nossa interpretação, um dos artigos que poderia ser utilizado para isso seria o artigo 5º e inciso 44 da Constituição.

Para que isso acontecesse, a interpretação do ministro do STF deveria ser de que o crime praticado pelo deputado, ou o suposto crime baseou-se em crime continuado. Dessa forma, ele considerou que o deputado cometeu crimes desde quando aquele grupo de pessoas foi preso, inclusive ele próprio, pela Polícia Federal no inquérito das fake News.

Entende-se então que, em tese, ele, associado a outros indivíduos, não cessaram seus ataques. Portanto, ele está sendo acusado de fazer parte dessa suposta rede de compartilhamento de informações falsas e que faz parte daquilo que tem se chamado Gabinete do Ódio.

O STF manteve a prisão do Daniel Silveira. Porém a PGR, que fez a denúncia contra ele, o classificou em alguns artigos previstos na lei de segurança nacional e recomendou, através da figura do vice-procurador-geral da República, Humberto Jacques, que Silveira saia da prisão e que cumpra a sua medida em casa. Para isso, ele seria impedido de se aproximar do STF e dos ministros do Supremo Tribunal Federal, além de utilizar tornozeleira eletrônica. O vice-PGR disse, também, que deve haver indenização para os ministros ofendidos.

A tornozeleira é algo que o Daniel Silveira deve ter visto em muitos bandidos e criminosos que alega ter prendido no período em que ele era da polícia na cidade do Rio de Janeiro. É importante relembrar que o deputado se disse orgulhoso de ter sido preso mais de 90 vezes por diversos atos de indisciplina dentro da corporação, enquanto era policial.

O Daniel Silveira citou que ele por ser deputado federal, como diz o artigo 53 parágrafo 2º da Constituição, teria inviolabilidade e não poderia ser preso por supostos crimes cometidos durante seu mandato. Além disso, ele alega não ter cometido crime e apenas ter exercido sua liberdade de expressão. Porém, o direito à liberdade de expressão não é absoluto.

Chega a ser irônico o fato de que Daniel Silveira defende o AI-5. Ato Institucional número 5, entre os 17 Atos Institucionais da ditadura militar. Em conjunto com seus advogados, Silveira está exigindo liberdade de expressão, algo que, se estivesse em vigor a ditadura e o AI-5 que ele defende, não lhe seria atendido. Além disso, esse ato suspenderia a possibilidade de habeas corpus, também pedido pelo deputado.

O senhor Silveira afirma que foi eleito por meio do voto popular. Na verdade, Silveira foi eleito através do quociente eleitoral/partidário. Isso porque Hélio Lopes, conhecido popularmente como Hélio Negão, amigo de Bolsonaro quando ele quer dizer que não é racista, recebeu mais de 340 mil votos. Por conta disso, ele e outros incompetentes conseguiram ocupar os cargos da legislatura, que entrou em vigência em primeiro de janeiro de 2019.

A preocupação da base bolsonarista é uma só. Este caso pode abrir precedente para outros casos de prisão na ala bolsonarista. Na mesma situação do Daniel Silveira poderia estar Carlos Jordy, Carla Zambelli e Bia Kicis, que estão receosos com o que pode acontecer.

Com a confirmação da manutenção da prisão do deputado por seus pares, um alerta laranja acende na cabeça dos radicais da extrema direita, ainda existem leis, mesmo que não sejam aplicadas como deveriam o tempo todo. Ditadura nunca mais.

22/02/2021

BANCADA EVANGÉLICA CONTRA BOLSONARO NO CONGRESSO

A bancada evangélica no Congresso é pró-Bolsonaro. Na maioria das vezes, eles apoiam praticamente todas as propostas do presidente Jair Bolsonaro.

Existe um grupo de bispos e pastores oportunistas nesse país. São vários, como o Valdemiro Santiago, R. R. Soares, Silas Malafaia, Marco Feliciano e Edir Macedo. É evidente que eles são vistos por muitos como charlatões e que se aproveitam da fé alheia.

Estes pastores fazem com que os seus grupos dentro do Congresso apoiem o chefe do executivo. Isso porque é muito interessante economicamente para eles a proximidade com o presidente, apesar de ser contraditório, levando em consideração os princípios da religião cristã. O Silas Malafaia, por exemplo, afirmou que Bolsonaro foi eleito por uma questão divina, não porque ele era capacitado, segundo ele somente algo sacro poderia ter permitido a chegada do Messias da extrema direita ao poder.

A questão do Decreto das Armas, entretanto, chamou muita atenção de todos os brasileiros, pois aumentou o número de armas que os chamados CACs (caçadores, atiradores e colecionadores) podem comprar que passou de 30 para 60 armas de fogo, além da quantidade de munições que também teve a permissão de compra elevada.

Até as pessoas que não entendem de armas perceberam o tamanho do problema que isso pode gerar. Em uma situação hipotética, se 1000 CACs fossem patrocinados por empresários para criar uma milícia armada, teríamos 60 mil armas nas ruas. A situação piora se pensarmos na possibilidade de 10 mil CACs financiados por empresários.

Parece exagero, porém estamos falando de muitos CACs que

são fanáticos por Bolsonaro, o enxergam como líder, como se fosse um "Duce ou Führer", a depender do tipo de fascismo que se associa ao presidente. Com isso, nós teríamos uma milícia armada na rua que seria maior até mesmo que o contingente ativo das forças armadas brasileiras.

Pela legislação, eles não podem portar armas na rua, com poucas exceções, como a possibilidade de transportá-las no carro, em mudança de endereço ou para participar de competições. Apesar disso, na cabeça dos mais radicais bolsonaristas, a possibilidade da formação de milícias civis existe e é real. Para estarem na rua, eles precisam apenas das armas. E eles irão tê-las.

Diante disso, a tendência é que o decreto tenha vários pontos revogados. Vários partidos políticos e bancadas se mobilizaram, dentre elas a própria bancada evangélica. Esta última se afirmou contrária à flexibilização das regras de compras de armas e munições, declarando que isto seria uma contradição com os valores religiosos que defendem.

Não sei se esse posicionamento é por oportunismo ou por tentar se descolar do presidente que está com alto índice de reprovação, a bancada evangélica, que sempre o apoiou, só agora diz haver uma contradição entre as atitudes de Bolsonaro e a religião cristã.

É válido lembrar que o Messias que preside o Brasil foi para a Marcha para Jesus e fez o sinal da arminha com a mão. No discurso dele no Acre no período da eleição de 2018, Bolsonaro pegou um tripé de uma câmera e falou que iria "fuzilar petralhada". Recentemente, quando questionado sobre as mortes por covid-19, ele respondeu que não era coveiro, disse "e daí" se já morreram, na época, mais de 5.000 pessoas; que ele era Messias, mas não fazia milagres, que todo mundo vai morrer um dia e acabou.

Além disso, Bolsonaro sempre declarou que apoia a tortura, mecanismo do qual Jesus Cristo foi vítima, segundo relatos da própria Bíblia Sagrada. O senhor Jair apoia a tortura!

Diferente do que diz na Bíblia, para Bolsonaro "bandido

bom é bandido morto". Já na Bíblia, todos que se arrependerem verdadeiramente irão para o Reino dos Céus. Inclusive, quando Jesus está sendo crucificado, ele encontra um "bandido" e fala para ele que logo estarão juntos no Reino dos Céus.

A flexibilização da compra e posse de armas é apenas mais uma das contradições entre a ideologia do Bolsonaro e o cristianismo. Não concordo que a bancada evangélica ser contra esta medida já configure ruptura entre eles e o presidente. Porém vejo isto como um ato da bancada para testar sua relação com Bolsonaro e como reagirá seu eleitorado.

Ressalta-se que, nos bastidores, muitas pessoas admitem que se arrependeram de votar no Bolsonaro ou que não votariam mais nele, porém não se expressam publicamente. O próprio Silas Malafaia, em um áudio vazado em 2019 enviado supostamente para o Alexandre Frota, confessou que estava muito decepcionado com presidente, mas não iria falar isso publicamente para que a mídia e a "Globo lixo", como ele costuma dizer, não se aproveitassem da declaração dele.

A expectativa é que nos próximos meses ou anos, essa legião de pastores pró-Bolsonaro mude o seu discurso, afirmando terem sido enganados, que não tinha como saber que ele seria assim.

As consequências dessas contradições terem sido inicialmente ignoradas se mostram, por exemplo, no risco de facilitar o acesso à compra de armas. Vários CACs podem ser patrocinados por empresários que acreditam no golpe com Bolsonaro no poder. Podemos acabar com um exército armado e ilegal de apoiadores de Bolsonaro.

O golpe está em curso no Brasil. Isso se mostra em outras situações, como na interferência do presidente na Petrobras na tentativa de interferir na Eletrobrás, na ingerência da PF no Rio de Janeiro.

O ano de 2022 será muito perigoso. Se o Bolsonaro for derrotado, algo que claramente pode ocorrer, de acordo com pesquisas, ele vai tentar encontrar um vilão. Esse poderá ser as urnas eletrônicas "fraudadas" por conta da ausência do voto impresso, que ele vai tentar emplacar. Pode ser que ele afirme que aconteceu um golpe da "esquerda comunista que quer tomar o poder através de roubo nas urnas eletrônicas".

    Infelizmente, quando isso acontecer teremos um embate sangrento no país, se este decreto não for freado. Espero estar errado, mas o próprio Bolsonaro já falou que no Brasil, se não tivermos voto impresso, pode acontecer algo pior do que aconteceu nos Estados Unidos no dia 6 de janeiro de 2021, dia da invasão do Capitólio.

01/03/2021

BOLSONARO COVARDE CANCELA PRONUNCIAMENTO

O panelaço estava marcado para acontecer na última semana no momento que o Senhor Jair fosse falar à nação, porém o nosso incompetentíssimo Presidente da República cancelou seu pronunciamento da quinta (4), mais uma vez, pois a <u>aprovação dele está cada dia menor</u>. Isto demonstra a covardia de Jair Messias Bolsonaro.

O Rodrigo Pacheco, presidente do senado, também tem atitudes covardes, nada faz para tentar ao menos ouvir as partes sobre a possibilidade de abrir um processo de CPI contra o Bolsonaro. O presidente da Câmara dos Deputados, Arthur Lira, tem rabo preso com o presidente e não irá abrir processo de impeachment.

Porém, não são apenas Arthur Lira e Rodrigo Pacheco que estão sendo omissos. <u>Todos os deputados e senadores</u> que não têm a coragem de fazer valer a lei também são cúmplices deste genocídio.

Divulgarei amplamente o nome deles até o período da eleição de 2022, para que o povo brasileiro se lembre quem foram os deputados e senadores que preferiram sujar suas mãos de sangue para se manter no poder, ao invés de fazer valer a lei e mandar para a cadeia ou responsabilizar o chefe desse genocídio em massa, que é o presidente Jair Bolsonaro e sua corte de ministros.

Por mais que o pronunciamento tenha sido cancelado, os protestos foram mantidos. O Brasil foi tomado por panelaços. O recado foi dado.

Os deputados e senadores que acham que porque o Arthur Lira não quer aceitar o pedido de impeachment contra o Bolsonaro, que acham que prender o Daniel Silveira foi o suficiente para acalmar a população, saibam que estão enganados. Nós vamos continuar denunciando as suas omissões e cobrando que a lei seja cumprida.

Hoje os deputados e senadores que se omitem são cúmplices, de forma intencional ou não. Está explícito que a omissão, por se preocuparem apenas com interesses pessoais, está facilitando a morte de milhões de brasileiros.

Vários especialistas se manifestaram afirmando que, atualmente, <u>300 mil óbitos é o melhor cenário que o Brasil pode ter</u>. Mesmo assim, a vacinação no Brasil está ocorrendo tão lentamente que, para o povo brasileiro ser vacinado por completo, demoraríamos 2 anos. Isso porque <u>o Presidente da República não quis comprar vacinas</u> que foram oferecidas para ele em julho do ano passado e não quis comprar vacinas que foram oferecidas para ele em agosto do ano passado.

Neste momento, Bolsonaro vai às ruas pregar que, <u>por ele, não tem lockdown</u>, porque as pessoas não aguentam ficar mais em casa. O Rodrigo Pacheco, na última segunda-feira (1), declarou no Roda Viva que não tinha como confirmar um crime de responsabilidade, pois precisaria ter dolo. Porém o dolo está mais do que evidente envolvendo o Bolsonaro e o Pazuello.

De qual lado da história vocês, Rodrigo Pacheco, Arthur Lira e Augusto Aras, vão querer entrar? Na página dos que foram coniventes com o genocídio no Brasil? Do período em que o presidente Bolsonaro deixou o Brasil se tornar o segundo país no mundo com mais restrições para entrar em outros países?

Como bem já falaram vários colegas, o Brasil hoje é um pária financeiro, um pária diplomático, um pária político e, também, um pária sanitário. Neste momento o nosso país causa medo nas outras nações por espalhar variantes da covid-19.

Isso porque o Presidente e o ministro da saúde são negacionistas. Porém a mãe do chefe do executivo foi vacinada, ele possivelmente já foi ou será vacinado, não há como afirmar, porque o cartão de vacinação dele está em sigilo.

Da mesma forma covarde, Donald Trump, que criticou a

vacina e medidas de contenção do coronavírus, já tomou as duas doses da vacina em janeiro, primeira dose enquanto ainda ocupava a Casa Branca. Além dele, a esposa Melania Trump, também foi vacinada.

A vocês que estão morrendo por Bolsonaro: o que falta para vocês enxergarem o que está bem na frente do seu nariz? Essa discussão não é meramente de esquerda versus direita, esquerda boazinha e direita cruel. Não é este o objetivo.

O Bolsonaro é um pária mundial. Muitas pessoas perguntam por que nos emocionamos quando trazemos situações ligadas a este genocídio, como eu me emocionei com o depoimento do governador da Bahia Rui Costa chorando, por exemplo.

A resposta é simples: nos emocionamos e choramos porque temos uma coisa que Bolsonaro jamais terá, que é empatia e humanidade. Bolsonaro não é humano, ele é uma carcaça que ocupa um esqueleto e massa humana, mas não é humano no sentido empático e emocional da humanidade.

Se para aceitar o pedido de impeachment precisa ter <u>comoção popular</u>, a prova está nos protestos que estamos fazendo em casa. Por isso também é importante compartilhar este texto e marcar Arthur Lira e Rodrigo Pacheco, para que eles entendam que estamos nos manifestando dentro de casa, pois não podemos sair para as ruas por conta da pandemia.

Toda a base de Bolsonaro tem tampado os olhos para esse genocídio que está acontecendo no Brasil. O próprio Paulo Guedes disse que o Brasil pode virar uma Venezuela, desconsiderando seu discurso anterior de que era o PT que faria isto.

Portanto, esta luta não é mais de esquerda versus direita. Esta luta é de quem defende a vida contra quem apoia a morte.

09/03/2021

PESQUISA MOSTRA BOLSONARO DERROTADO

PT e PDT têm promovido ataques mútuos entre suas lideranças. Isso pode significar um racha ainda maior na esquerda, já que o PSB estava sinalizando apoiar uma candidatura da empresária Luiza Trajano.

Diante disso, todos tentam achar culpados. A culpa é do Ciro, do Lula, do Haddad, todos acham que tem razão e que não estão errados. E assim a esquerda racha cada vez mais.

Esse tipo de diálogo não agrega nada para o debate político de esquerda. Podemos ter, evidentemente, divergências dentro do próprio bloco, mas isso é diferente de promover ataques mútuos. Esta postura demonstra falta de inteligência e pensamento estratégico.

Na segunda-feira passada (8), quando o ministro Edson Fachin do STF decidiu anular as condenações do Moro contra Lula no âmbito da operação Lava Jato, o cenário mudou. Fachin afirmou incompetência da 13ª Vara de Curitiba em julgar o caso de Lula, já que Moro não seria o juiz natural do caso.

A pesquisa do Atlas Político demonstra essa mudança. Já podemos ver um cenário positivo em relação ao segundo turno, pois entre Bolsonaro e outra pessoa, qualquer um ganharia, inclusive Lula, Ciro, Haddad e até o Mandetta.

Essa pesquisa foi feita entre os dias 8 e 10 março, exatamente nos dias da confirmação da anulação das condenações do Lula. Este fato por si só já mudava a situação das eleições de 2022.

Alguns cenários foram pesquisados pelo Atlas: um com a participação de Lula e outro sem este incluído entre os possíveis candidatos.

No primeiro cenário, com Lula, no primeiro turno Bolsonaro teria 32,7% das intenções de votos, o Lula teria cerca de 27,4% dos votos, Sérgio Moro 9,7%, Ciro 7,5%, Mandetta 4,3%, Dória também teria 4,3% e o Huck teria 2,5%. Depois disso, observamos a queda da intenção de votos até chegar no Guilherme Boulos, que teria, aproximadamente, 0,9%.

É válido ressaltar que o resultado da pesquisa traz o crescimento do Lula em, praticamente, empate técnico em relação ao Bolsonaro, se considerarmos a margem de erro.

Já o segundo cenário que a pesquisa propõe, sem Lula e com Haddad, Bolsonaro teria praticamente a mesma intenção de voto, com 32,3%. O Haddad teria 15,7% dos votos, quase 12 pontos percentuais a menos que o Lula. Ciro ficaria em terceiro com 11,6% da intenção dos votos e Boulos também subiria para 2,3%. Este cenário comprova que Lula é um candidato que aglutina ao seu redor muitos apoiadores e com isso muita intenção de voto.

O ex-presidente consegue este feito, pois dialoga bem com parte da população e com o mercado. Este último já foi largamente demonstrado no passado, pois em seu governo os bancos e os empresários ganharam muito dinheiro. Um exemplo é o Velho da Havan, que conseguiu a expansão das suas lojas por todo o Brasil durante a era Dilma.

Portanto, existem pessoas que votam em Ciro, Boulos e Marina em 2022 se o candidato for o Haddad. Porém, se o candidato do PT ou de maior destaque dentro da esquerda for o Lula, essas pessoas deixariam de votar neles para votar em Lula.

As pessoas votariam no Ciro, por exemplo, se o candidato do PT fosse o Haddad, pois não sentem que o Haddad tenha o mesmo peso que Lula, por exemplo. Tendo isso em vista, o desempenho do Ciro pode estar diretamente ligado à candidatura ou não do Lula, já que no cenário com Haddad sendo o candidato do PT, o resultado se mostra melhor para o Ciro.

Por isso, na minha opinião <u>Ciro demonstra pouca inteligência ao atacar o PT</u> como um todo e não as pessoas que agem de forma incorreta dentro do partido. Isso porque ele macula a militância como um todo por conta de indivíduos que agem mal dentro da política e dentro do próprio Partido dos Trabalhadores. Esta atitude distancia o voto nele para algumas pessoas.

As pesquisas de intenção de voto no segundo turno comprovam o Efeito Lula. O ex-presidente alavancou o próprio Haddad nas intenções de voto apenas com a possibilidade de participar de uma chapa de esquerda ou do governo. Bolsonaro perderia para Lula, para Ciro, para Haddad e para o Mandetta.

Por isso o atual discurso do Ciro é perigoso. Entre os possíveis candidatos que se declaram de esquerda, quem teria mais votos em um segundo turno com Bolsonaro seria o Ciro, mas o Lula ou o Haddad também ganhariam. Porém o cenário muda com a presença ou não de Lula na corrida eleitoral, e é por isso que Ciro precisa ter mais precaução com seus discursos para não perder votos.

Diante disso, surge uma luz no fim do túnel para que a gente vença o segundo turno, seja com Ciro, Haddad ou Lula. Neste momento, precisamos de estratégia, diálogo e buscar aglutinar pessoas em 2022 ao redor de um projeto para derrotar Bolsonaro. Para isso, precisamos cobrar o trabalho dos políticos de esquerda para que isso aconteça.

O cenário está posto e a <u>tendência é que Bolsonaro perca intenção de voto</u> nos próximos meses, com a situação da pandemia, do desemprego e do auxílio emergencial.

15/03/2021

POLÍCIA FEDERAL NA COLA DE FILHO DE BOLSONARO!!

Foto: Reprodução Rede Social

A história de que o Bolsonaro fazia de todas as suas companheiras, laranjas, já era algo estranho. Isso aconteceu com a Rogéria Bolsonaro, com a Ana Cristina Valle e agora com a Michele Bolsonaro. Aparentemente, os filhos dele também são inseridos na maracutaia desde cedo.

O caso da vez é de Bolsonaro Júnior, como ele gosta de ser chamado, ou Sinforoso, como chamam os internautas. Ele, que é "pegador do condomínio", o que evidentemente é uma piada. Sendo filho do presidente ou não, é difícil imaginar que o "Sinforoso" realmente era o pegador do condomínio rodeado de milicianos.

Deixando a piada de lado, a Polícia Federal está investigando um esquema envolvendo, possivelmente, tráfico de influência por parte do Jair Renan Bolsonaro. Parlamentares da oposição do governo apresentaram uma denúncia ao Ministério Público, que a acolheu e encaminhou para a Polícia Federal. Esta então decidiu abrir a investigação. Para entender o que motivou a abertura deste inquérito, é necessário nos atentarmos a alguns fatos.

No final do ano passado, o senhor Renan Bolsonaro inaugurou uma empresa chamada Bolsonaro JR Eventos e Mídia. Essa empresa ocupa uma sala de escritório no estádio Manoel Garrincha. As fotos e os vídeos da cobertura do evento de inauguração foram feitos de graça por uma produtora que prestava serviços ao Governo Federal.

Na época, o filho de Bolsonaro compartilhou nas redes sociais fotos com um amigo, que até onde se entendia era seu sócio, chamado Allan Lucena. Agora, Renan afirma que Lucena não é seu sócio, mas sim seu amigo.

É muito estranho um amigo que ocupa uma sala comercial todos os dias, dividindo o espaço sem ter um negócio e em um local em que a única empresa que existe é a de mídia e comunicação de Bolsonaro Jr. De qualquer forma, o filho do presidente tem direito ao contraditório e à presunção da inocência.

Outra polêmica é que um dos sócios de uma empresa chamada Gramazini participou da festa de inauguração com Jair Renan Bolsonaro. Há fotos dele na ocasião e na sala de empresa de Renan, por exemplo, tem duas pedras de mármore enormes da cor vermelha. Talvez a cor seja por ironia à aversão de seu pai por vermelho.

"Bolsonarinho" marcou a Gramazini como sendo a empresa que teria colocado as pedras. Possivelmente, assim como aconteceu com as filmagens que foram feitas em seu evento, ele conseguiu a instalação de graça.

Allan Lucena, "amigo" de Jair Renan, também ganhou um carro elétrico de uma empresa chamada Neon Motors, que é ligada ao grupo Gramazini. Ele alegou que ganhou esse carro na base da confiança, pois o projeto não estaria concluído ainda.

Em contrapartida, Jair Renan Bolsonaro, junto com Lucena supostamente (como manda o jargão jurídico) teriam intermediado um encontro com representantes da Gramazini e o Ministério do Desenvolvimento Regional. O pedido dessa reunião foi feito por Jair Fonseca, assessor especial do Presidente da República, Jair Messias Bolsonaro.

A reunião aconteceu no ano passado. O ministro Rogério Marinho do Desenvolvimento Regional estava presente na reunião junto com os membros da empresa Gramazini, Jair Renan Bolsonaro e o Allan Lucena.

Entretanto, na lista de presentes nessa reunião, não aparecem o filho do presidente Bolsonaro, Lucena e nem os empresários da Gramazini. Em teoria, a reunião aconteceu para a empresa entender mais sobre casas populares, já que teria interesse em adentrar neste segmento.

Após estas informações serem publicadas, a assessoria de Renan Bolsonaro declarou que ele e Lucena são apenas colegas de academia, já que Allan Lucena seria personal trainer. Ainda, afirmaram que Jair Renan não teria ganhado esse carro.

Já Lucena confirmou que ele e Jair Renan participaram da reunião com o Ministério e a Gramazini, mas não tinham nenhuma relação comercial. Alega que ele e seu colega de academia participaram da reunião basicamente como consultores, pois já sabiam previamente do projeto.

Acho que está explícito o que está acontecendo. Talvez se formos pesquisar um pouco mais a fundo quem paga a sala no Mané Garrincha, ou qual foi a empresa que cedeu a sala para o Jair Renan Bolsonaro, talvez a gente encontre uma filial da "Kopenhagen do Flávio Bolsonaro", mas em formato de empresa de mídia.

Ora Jair Renan diz que é gamer, ora que é empresário. Para mim, ele é apenas um rapaz pífio filho do Presidente da República. E cada vez que se puxa mais esse novelo relacionado ao clã Bolsonaro, mais coisas estranhas aparecem.

A Polícia Federal tem até 30 dias para apresentar informações relacionadas ao inquérito que foi aberto. Porém, com a vaga do STF disponível, essa situação acaba por trazer tranquilidade a Jair Renan.

Alguns nomes supostamente estariam de olho nessa vaga, dentre eles o ministro João Otávio de Noronha, que tomou novamente decisão favorável por Flávio Bolsonaro. Entretanto, desta vez ele foi derrotado.

Há também Augusto Aras, que segundo informações internas tem se reunido com a "máfia gospel" liderada por Silas Malafaia e os maiores pastores do Brasil. O objetivo é apresentar o nome de Aras como terrivelmente cristão.

Tem ainda o próprio Ministro da Justiça, o André Mendonça. Esse também está no padrão do terrivelmente evangélico, já que além de ser cristão, também é pastor.

Na época que o Lula era presidente, o filho do Lula era acusado de ser dono da Oi, da Band, da estação espacial, de uma Ferrari toda plotada em cor de ouro. Já a Dilma era acusada de ser dona da Havan junto com a filha. Todo dia havia uma teoria da conspiração para achar proprietários.

No caso da família Bolsonaro, eles nem disfarçam. O clã faz na cara dura suas maracutaias. Espero que, de acordo com as evidências, quem deva seja culpabilizado. Da mesma forma, espero que as informações não sejam privilegiadas, apenas porque o Presidente da República está tendo o seu filhinho sem foro privilegiado sendo investigado.

Vamos acompanhar se a justiça realmente vai ser aplicada, porque aparentemente coisas estranhas e nebulosas tem nesse caso.

22/03/2021

BOLSONARO COM MEDO DE FICAR DE FORA EM 2022

É possível que o segundo turno em 2022 aconteça sem o Bolsonaro.

Essa possibilidade não existia há uns 4 meses, por conta do preocupante racha dentro da esquerda, que fortaleceu candidatos de centro e o resquício de aprovação que Bolsonaro tinha por conta do auxílio emergencial. Neste cenário, havia ainda a possibilidade de não termos nenhuma chapa de esquerda no segundo turno.

Porém, uns 20 dias atrás o jogo político se reverteu de tal forma que as pesquisas atuais já mostram que o Lula venceria o Bolsonaro no primeiro turno. E se fosse para o segundo turno, o venceriam também os candidatos Lula, Haddad, Ciro e Mandetta.

Após a decisão que <u>confirmou a parcialidade do juiz Sérgio Moro</u>, articulistas, políticos, comentaristas e cientistas da política começam a enxergar a possibilidade de que em 2022 o segundo turno não tenha a presença do Bolsonaro.

Caso Lula permaneça dentro do jogo político até 2022 como um possível candidato, com certeza ele será o grande antagonista do Bolsonaro.

Sobre isto, vale lembrar que a polarização política sempre existiu no Brasil, porém, antes ela acontecia de forma mais racional. Assim, já existiam pessoas que criticavam a direita e pessoas que criticavam a esquerda, porém não colocavam a esquerda ou a direita como um mal a ser eliminado da face da Terra. E é desta última forma que acontece hoje.

Nas últimas pesquisas que foram divulgadas, Bolsonaro fica cerca de quatro a dez pontos atrás do Lula. O ex-presidente, em algumas pesquisas, aparece com 32% das intenções de votos e o Bolsonaro com cerca de 22%.

Diversos fatores são responsáveis por isso. Em primeiro lugar, a perda de apoio dos banqueiros e do mercado financeiro por Bolsonaro. Parte dos investidores, que ganhavam muito dinheiro no início do atual governo, passou a perder parte desse dinheiro agora. Para eles, que vivem de especulação, pouco importa se o presidente é de direita ou de esquerda, pois só querem lucrar.

Entretanto, a chapa de oposição ao Bolsonaro, que pode ser da direita ou da esquerda, não se ajuda.

Dentro da esquerda, está acontecendo <u>um racha envolvendo o Ciro Gomes e o PT</u>. Vale ressaltar que o Ciro ainda é um candidato do espectro político da esquerda, apesar de acenar para a formação de uma chapa pragmática com a centro-direita ou com a direita.

O problema, então, é que além de Ciro Gomes, são as outras chapas de centro que estão sendo cogitadas. Articulistas preveem uma chapa "moderada", por exemplo, com Alckmin e Mandetta.

Outro exemplo de chapa que está sendo cogitada é Alexandre Kalil, pelo PSD, e Luiza Trajano, pelo PSB. Apesar de serem nomes novos, é pouco provável que eles atinjam uma votação expressiva. A minha expectativa é que eles consigam ser apenas um pouco mais fortes que João Amoedo, do partido Novo em 2018.

Há ainda a famigerada chapa Luciano Huck e Sérgio Moro. Entretanto, esta deve estar praticamente terminada, após a decisão do STF de apresentar Moro como suspeito.

Tendo todos esses cenários em vista, me questiono: será que estas composições de chapa de centro-direita e de direita realmente tirariam Bolsonaro no segundo turno? Ou, ao menos, tirariam votos do Ciro Gomes?

29/03/2021

ISSO PRECISA MUDAR URGENTEMENTE!

Desde que o presidente Jair Messias Bolsonaro tomou posse, nós discutimos quando o Brasil vai passar por um golpe. Um dos filhos dele, o Eduardo Bolsonaro, já deixou claro por mais de uma vez que não é questão de "se" acontecerá um golpe, a questão é "quando".

Em desespero, Bolsonaro com frequência diz que o Exército é dele, que as Forças Armadas pertencem a ele e que ele fará várias coisas com estas instituições.

A cada fala do presidente, percebe-se que há um núcleo pequeno, em algumas regiões, que simpatiza com Bolsonaro. Esse núcleo é formado por alguns policiais militares, alguns guardas municipais e até mesmo alguns membros do Exército, da Aeronáutica e da Marinha.

Entretanto, a grande maioria dos agentes das forças armadas e forças policiais do Estado, incluindo aqueles que simpatizam com o chefe do executivo nacional, não estariam dispostos a arriscar suas vidas ou carreiras pelo presidente Jair Messias Bolsonaro.

É válido ressaltar que nossas Forças Armadas são compostas por pouco mais de 400 mil homens, em grande parte jovens entre 18 e 22 anos, que tiveram de ingressar obrigatoriamente no serviço militar. Dentro deste grupo, nem todo mundo que apoia a ideia de Bolsonaro ser o governante do nosso país defende a ideia de entrar em uma batalha para instaurar um golpe militar em prol do presidente.

Chama atenção que o presidente Bolsonaro nada fez sobre a questão específica do Exército e da Polícia Militar durante o período em que foi deputado federal. Aos militares e policiais que tanto defendem Bolsonaro, eu afirmo: ele nunca fez nada por vocês.

Em relação ao Exército, Bolsonaro envergonhou a corporação enquanto a integrava ao planejar um atentado terrorista para explodir uma adutora da rede hídrica do Rio de Janeiro. O fato culminou na sua expulsão do exército, que depois foi revertida.

Existem vários relatórios que falam sobre a participação do Bolsonaro no Exército Brasileiro. Estes mostram que ele foi um militar pífio, pouco efetivo. Em resumo, ele vive apenas de uma suposta fama de "bom combatente" e "bom militar".

Infelizmente, neste momento trago comigo uma inquietação. Isso porque nosso país vive uma política desorganizada e explicitamente vendida.

O presidente Bolsonaro não fez a troca de 6 ministros, a tal minirreforma ministerial por conta da questão do Exército, mas sim para tentar agradar parte do centrão. Bolsonaro fez isso por medo do Exército que não o apoia na ideia do golpe ou na ideia de pressionar governadores e prefeitos a fazer o que o genocida quer, bem como por não confiar no centrão.

Além disso, os empresários brasileiros começaram a se reunir com o centrão para exigir que o impeachment do Bolsonaro voltasse a ser discutido.

Portanto, esta não foi uma troca comum de ministros. O que o Bolsonaro está fazendo é acenar para o centrão para evitar seu impeachment. Ele negocia cargos nos Ministérios em troca do apoio deste setor.

Em resumo, foi isso que tirou o Ernesto Araújo do cargo de Ministro das Relações Exteriores. A manutenção de Araújo no cargo era insustentável, o mundo inteiro estava exigindo sua saída e ele ficou conhecido como o pior chanceler da história do Brasil, segundo jornais internacionais.

O centrão, então, voltou a discutir o impeachment para pressionar Bolsonaro e conseguir cargos. Além disso, os políticos são apoiados por empresários. Estes últimos, quando sentem algum impacto financeiro, pressionam os políticos que eles apoiam.

Por conta disso, por exemplo, Rodrigo Pacheco e Arthur Lira estiveram em conversas com Rubens Menin, com a família Diniz, com representantes do BTG Pactual, do Bradesco, Santander e Itaú.

Lembrem-se a ideologia de empresário é o lucro.

O Luciano Hang, a fim de exemplificar, não faz as coisas que faz porque ama o Bolsonaro. Ele age desta forma, pois isto dá lucro para ele. A partir do momento que Bolsonaro parar de dar lucro para Hang, ele vai descartar o presidente.

Dito isto, a maioria dos empresários não segue uma ideologia por crença meramente. E se segue, não inclui está em seus negócios.

Em eleições passadas, antes da polarização forte como vemos hoje, existiam empresários que faziam doações para as campanhas dos dois partidos mais fortes na corrida eleitoral. Isso é demonstrativo de que não havia briga por ideologia, mas sim por interesse econômico e político.

Tendo isso em vista, precisamos continuar cobrando. Precisamos ocupar os espaços para pressionar ainda mais o Congresso, com estratégias dentro da lei, porque nós seguimos a lei.

Ocupar os espaços de comunicação é uma via interessante. Vários representantes de cúpulas partidárias já me confidenciaram que tomaram decisões com base no que nós falamos e analisamos sobre o cenário político e sua conjuntura, por exemplo.

Precisamos cobrar os políticos, em especial o centrão. Esta ala não é fiel a Bolsonaro, assim como não é fiel a nenhum lado ideológico. O centrão apenas é fiel a si mesmo.

Se pressionarmos as figuras políticas corretas um pouco mais, conseguiremos o impeachment do presidente Bolsonaro.

Eu não quero passar o 31 de março de 2022 tentando explicar se vai acontecer um golpe ou não. Basta. Nossa democracia está sendo usurpada por um político pífio, um presidente inepto. E isto é inaceitável. DITADURA NUNCA MAIS!

06/04/2021

FUNCIONÁRIO CONFIRMA QUE FLÁVIO BOLSONARO USOU RECEITA FEDERAL PARA SE SAFAR

Reprodução: Redes sociais

Há uma informação nova atrelada ao caso Queiroz e às rachadinhas do Flávio Bolsonaro.

Um funcionário da Receita Federal chamado José Barroso Tostenes Neto confirmou que teria se encontrado com o senador Flávio Bolsonaro e suas advogadas, estas por mais de uma vez. Nesses encontros, em tese foi apresentada para as advogadas e para o senador uma lista de pessoas que teriam consultado dados do senador Flávio Bolsonaro na Receita Federal.

Esta situação é grave, porque a máquina pública não pode ser utilizada de forma patrimonialista. Isto é previsto no Código Penal e é um crime conhecido como advocacia administrativa, que consiste em utilizar a coisa pública para atender interesse privado.

O ladrão e vacilão do Flávio Bolsonaro, que é acusado de supostamente ter desviado cerca de seis milhões de reais em esquema de rachadinha no Rio de Janeiro, comprou uma mansão no mesmo valor no Distrito Federal.

Segundo o senador, ele comprou a mansão nesse valor com parte do dinheiro que recebeu com a venda de alguns imóveis do Rio de Janeiro. Porém, até este momento, pouco mais de um mês após a compra da mansão, a comunicação pública da venda dos imóveis no Rio de Janeiro ainda não foi feita.

Além disso, Flávio Bolsonaro ainda continua dando despesa ao erário público. Isso porque ele não abriu mão do seu direito a um apartamento/auxílio moradia, mesmo possuindo uma mansão de 6 milhões de reais.

Mais um fator é o desencontro de valores anunciados pelo ex-proprietário que vendeu a casa ao filho de Jair Bolsonaro. Ele afirmou que teria recebido um valor, depois voltou atrás. As casas no padrão da que o Senador Flávio Bolsonaro comprou custam entre 8 e 9 milhões de reais, entretanto o filho do presidente pagou apenas 5,9 milhões, ou seja, mais de 2 milhões abaixo do valor.

Outra coincidência é que a namorada do ex-proprietário da mansão era uma das juízas que trabalhava para o ministro João Otávio de Noronha do STJ como uma das auxiliares, que com frequência costuma emitir decisões favoráveis ao Bolsonaro. Não estou tentando atrelar nada, mas existe uma vaga que ficará disponível no STF ainda este ano que é o sonho de vários juristas, um cargo vitalício com alto salário e várias regalias.

Todas as situações se embrenham umas nas outras.

A PGR, para criar uma cena, intimou as advogadas de Flávio Bolsonaro para que elas expliquem essa história de reunião com a Receita Federal.

O próprio José Barroso Tostenes Neto deu as datas em que aconteceram essas reuniões. A primeira aconteceu no dia 26 de agosto de 2020 com a presença de Luciana Pires e Juliana Bierrenbach, as advogadas do Flávio Bolsonaro no caso Queiroz. Outra reunião aconteceu no dia 4 de setembro, apenas com a Juliana.

A última reunião aconteceu no dia 17 de setembro e contou com a Luciana e com o próprio Flávio Bolsonaro. Nesta ocasião, teria sido apresentada para ele uma lista com o nome de pessoas que teriam acessado o perfil do senador Flávio Bolsonaro na Receita Federal.

Isso porque a defesa do Flávio Bolsonaro alega que a COAF fez uma devassidão na vida financeira do filho do presidente de forma ilegal. Essa informação é descaradamente mentirosa.

Vale relembrar que o advogado Frederico Assef, que abrigou Queiroz na casa dele enquanto ele era procurado, voltou a trabalhar no caso do Flávio Bolsonaro. Ou seja, ele é ladrão e não tem vergonha de esconder.

Então, a PGR convocou as advogadas do Flávio Bolsonaro para depor nos dias 13 e 20 de abril, porém elas já declararam que não irão depor. As advogadas alegaram que farão uso do direito de sigilo entre advogado e cliente.

O Flávio Bolsonaro chegou a postar em suas redes sociais que, após apuração, chegou-se à conclusão de que a ABIN não fez nenhum relatório para ajudá-lo. Porém, isso não está concluído ainda, essas informações estão sendo descobertas e as investigações estão acontecendo.

Entretanto, o Brasil é um país de coincidências. Aqui a familícia que ocupa o poder rouba e ninguém é responsabilizado. Pessoas que defendem a honestidade apoiam ladrões. Pessoas que defendem o fim da corrupção estão juntas com corruptos. Tudo é complexo nesse país.

Segundo o José Barroso Tostenes Neto, o Flávio Bolsonaro se encontrou, junto com as advogadas dele, com representantes da Receita Federal, algo que em tese não teria legalidade dependendo da forma como isso foi solicitado. Diferente dos relatórios conseguidos pelo Ministério Público, que foram conseguidos através de autorizações.

12/03/2021

BOLSONARISMO E NAZISMO. COINCIDÊNCIAS? OU UMA TRISTE SEMELHANÇA?

Nos anos 1920, uma figura polêmica e trágica para a história mundial ganhava ascensão. Seu nome? Adolf Hitler, idealizador de um dos regimes mais sanguinários da história, o Nazismo. Após retornar da primeira guerra mundial, Adolf passou a primeira guerra mundial com a política, em 1923, após um golpe mal sucedido na República de Weimar. Ele e seus seguidores foram impedidos e o criador do nazismo acabou sendo preso por ser o líder da tentativa de golpe. Enquanto esteve na prisão, Adolf Hitler escreveu sua principal obra e que hoje sabemos ser o seu grande manual, o livro "Mein Kampf" (Minha Luta), do futuro Führer, o que escreveu como táticas de ação que os nazistas seguiram o regime do futuro Führer, os claros culpados pela crise, o declínio da Alemanha, e apontava uma solução delirante.

O momento que o país passava não era fácil, pois uma crise econômica crescente em especial pela primeira guerra mundial, a culpabilização da Alemanha, pagamento de taxas altas indenizatórias aos países tidos como fim da Guerra, entrega de parte do território germânico, imposto crescente, desemprego disparando e os líderes vistos com descrédito pela população. Neste contexto, Hitler apresenta sua estratégia aos alemães.

As táticas de Hitler foram surtindo efeito, passando a exercer muita influência no partido Nazi que foi alcançando mais espaço e contando com uma maior participação de seus membros no governo. Nas eleições de 1932, ainda na República de Weimar, o partido Nazista obteve cerca de 38% dos votos. Hitler prepara o Golpe de Estado e se declara Presidente, Chanceler Führer da Alemanha, aproveitando a história inicial ao que seria um trágico período da humanidade da humanidade e o grande genocídio do povo Judeu.

A cada morte e perseguição, ficaram evidentes o ódio aos judeus. Das cercas de 19,5 milhões de mortes do regime nazista, cerca de 6,5 milhões foram mortos da ascensão do regime nazista. Se dividirmos essas mortes em 12 anos, os nazistas mataram em média 500 mil pessoas por ano, mas o que isso a ver com o presidente Bolsonaro? E com o Brasil? Quais seriam suas semelhanças com o Nazismo? A resposta é simples, a começar pelas vítimas do Regime Bolsonarista que só conta 02 ações em consideração ao último ano que ultrapassamos 500 mil vidas perdidas ou omissões do Estado chefiado pelo senhor Jair Messias Bolsonaro, a escolha de um grupo como sendo o culpado pelo fracasso econômico nos últimos anos, perseguição a pessoas pretas, LGBTQIA.

Segundo o presidente Jair Bolsonaro, a culpa de toda situação de derrocada do país se deve à esquerda e uma suposta ameaça comunista, outra situação que correlaciona o BOLSONARISMO ao NAZISMO. Outros pontos que tornam os regimes e as figuras líderes semelhantes são: suas pautas e maneiras de agir, propaganda massiva do regime governista, uso do poder militar e das forças para ameaçar a população e opositores políticos, e um grande apoio popular no início do regime.

Outra semelhança inegável são os lemas e slogans usados tanto por Bolsonaro quanto por Adolf Hitler. Na Alemanha nazista, um dos lemas utilizados pelo Estado era "Deutschland über alles" (Alemanha acima de tudo), no Brasil de Bolsonaro o mesmo lema é utilizado "Brasil acima de tudo", como somos uma nação de maioria religiosa cristã, o nosso presidente adiciona seu líder nazista de inspiração à frase brasileira "Deus acima de tudo" com o apoio de algumas lideranças religiosas que usaram seus templos verdadeiros como os comitês da campanha para o GENOCIDA, BOLSONARO.

Crédito: Jornalistas livres

O Presidente do Brasil é apoiado por supremacistas brancos, neonazistas, racistas, homofóbicos, membros da Ku Klux Klan e outra vez relacionados ao governo se envolvem em polêmicas de cunho racista, supremacista e/ou homofóbico. O próprio Jair e pessoas fazem com frequência diversos acenos próximos aos brancos, de alusões a beber copo de leite a saudações ao WP (White Power), como ocorreu recentemente em uma audiência no senado onde um membro do governo federal o senhor Filipe G Martins, um gesto supremacia do WP (White Power) ao vivo, sendo repreendido por senadores que participaram da sessão; mesmo negando o gesto, o senhor Martins respondeu formalmente pelo crime.

Imagem: Reprodução/Tv Senado

Outro fato que precisamos trazer à tona também foi o discurso do então secretário de cultura Roberto Alvin, fazendo clara referência em alguns momentos ao discurso de Joseph Goebbels, o grande acontecimento pela propaganda nazista, a estética até o discurso fazendo referência em trechos da comunicação nazista ipsis litteris. As alusões ao nazismo não param por aí, a secretaria do governo, a SECOM, à época sob a tutela do senhor Fábio Wajngarten, fez posts com alusão à frase "O Trabalho Liberta", lema utilizado pelos hitleristas e que pode ser vista na entrada do antigo campo de extermínio nazista em Auschwitz.

*Alvim à esq., Goabbels à dir.: Reprodução e
Atelier Bieber/Nather/Bildarchiv PreBischer Kulturbesitz*

Imagem: Reprodução/Twitter Secomvc

Foto: Arquivo/EBC

Não bastasse isso, em visita ao Pernambuco em 2015, na época Deputado Federal, Jair Bolsonaro e seu filho Eduardo Bolsonaro, também legislador Federal, foram recebidos no aeroporto de Jaboatão dos Guararapes como popstars, dentre os grupos que aparecem para recepcionar o futuro presidente, membros de grupos supremacistas, neonazistas e skinheads.

Foto: Hesíodo Góes/Esp DP/DA Press

Alguns anos atrás, o filho do presidente Jair chamou um sósia de Hitler para a Câmara do Rio de Janeiro. Ele era em favor do projeto "Escola Sem Partido", o clima ficou tenso e vereadores se manifestaram contrários à presença do personagem na Casa legislativa municipal que alegava não ser sósia do Hitler, o senhor Jair Messias, eleito a deputado federal, tirou uma foto com o tal senhor, sósia do Hitler, o mesmo convidado por Carlos Bolsonaro para discursar na câmara de vereadores do Rio de Janeiro.

Postas todas estas informações, imagens e fatos, façamos as seguintes perguntas: comparar bolsonarismo e nazismo é exagero? Chamar Jair Bolsonaro de genocida é um absurdo? A resposta parece não ser tão difícil.

08/07/2021

DE MÉDICO A PASTOR. POLÊMICA NA INDICAÇÃO AO STF

Nos últimos dias, ganhou as manchetes dos jornais e portais de notícias a informação da indicação do AGU (Advogado Geral da União), o pastor da igreja presbiteriana e advogado André Mendonça para a vaga deixada pelo ministro Marco Aurélio Mello no STF. O argumento do presidente Jair Bolsonaro para a indicação é que o Brasil precisa ter na corte suprema do judiciário brasileiro um membro "terrivelmente evangélico". Em tese, a crença do indicado à vaga não deveria ser fator determinante para a recomendação de um membro ao Supremo Tribunal Federal, mas pelo que observamos no "Bolsonarismo", a religiosidade e Estado "Bolsofascista" estão juntos e isto tem se tornado cada vez mais normal. O Brasil, além de ser um Estado laico, segue a doutrina jurídica baseada no **Civil Law** (também chamado de sistema romano-germânico, é um sistema jurídico que tem a lei como fonte imediata de direito, isto é, que utiliza as normas como fundamento para a resolução de litígios), ou seja, segue que o que se encontra presente na lei é um modelo positivista.

Se um membro do STF precisa tomar uma decisão, ele irá recorrer à lei, aos códigos de leis e à Carta Magna do país. As decisões reiteradas da própria corte, em casos específicos, não recorrerão aos escritos sagrados da bíblia, do alcorão, da Torá, tão pouco do zend avesta. A crítica que se faz em relação ao Pastor Advogado não se refere ao seu currículo, que não iremos questionar, é técnico, o grande problema é que, desde sua entrada no governo genocida do senhor Jair, a conduta do ex-ministro da Justiça tem sido autoritária e de perseguição aos opositores e críticos do governo. Durante sua gestão a utilização da LSN (Lei de Segurança Nacional), foi para intimidar críticos, criou-se inclusive um dossiê "Antifa" e figuras públicas foram processadas pelo Estado, basicamente por suas opiniões críticas à gestão atual. Daí a preocupação com a indicação de André Mendonça. Afinal, o papel de um membro da corte superior de justiça no país é preservar e manter as leis, não as transpor a seu bel-prazer. Recentemente ao defender a reabertura das igrejas e outros templos e espaços religiosos como sendo uma atividade essencial, o AGU, não utilizou argumentos jurídicos na sua sustentação oral para solicitar mudança na determinação legal que restringia as atividades em alguns estados e municípios, ou seja, o ministro foi mais pastor que operador do direito e utilizou a bíblia e a sua crença para argumentar dizendo o seguinte aos ministros do STF:

"Sobre essas medidas que estão sendo adotadas regionalmente. Não há cristianismo sem vida em comunidade, sem a casa de Deus e sem o 'dia do Senhor'. Por isso, os verdadeiros cristãos não estão dispostos jamais a matar por sua fé, mas estão sempre dispostos a morrer para garantir a liberdade de religião e de culto".

O culto religioso e as crenças são livres e protegidas por lei, assim como a vida tem sua salvaguarda legal designada na constituição de 1988 e na declaração universal dos direitos humanos. Sendo um operador do direito, o pastor Mendonça sabe que entre os institutos, como se diz no jargão jurídico: "a Vida é a primeira a ser cuidada seguida da liberdade", outro importante instituto. Muitos acreditam que o André Mendonça vai ser técnico no STF e que só fez o que fez até aqui, pois queria a vaga vitalícia no Supremo. Afinal, ele tem um currículo com formação técnica, mas é aí que entra a grande brecha legal que existe no Brasil, para um indicado ao STF, pois ele não precisa ter formação em direito para ocupar o cargo. Os critérios para ser Ministro do Supremo Tribunal Federal são os seguintes: Ser brasileiro nato, ter entre 35 e 65 anos, possuir notório saber jurídico e reputação ilibada, não precisa ser juiz, advogado ou ter formação em direito, além disso, ele precisa ser indicado pelo presidente da República ter aprovação da CCJ (Comissão de Constituição e Justiça) e passar por uma sabatina no senado federal. E depois, provando o seu notório saber jurídico, os senadores votam pela aprovação ou não do indicado, sendo necessária maioria absoluta para decisão, ou seja, dos 81 senadores, 41 precisam votar contra ou favor para a decisão ser referendada.

O grande medo de Jair Bolsonaro é justamente esse, o senhor Mendonça não ser aprovado na sabatina e ele precisar substituir o pastor André Mendonça por outro nome. Isso poderia comprometer ainda mais sua relação com o público protestante. A sabatina é uma parte importante do processo, já que o novo ministro só poderá assumir se passar por essa etapa também, porém nem sempre foi assim. Se a indicação de um pastor para o cargo de ministro surpreende por ser este o critério para a indicação do Presidente Bolsonaro, no passado algo mais preocupante ocorreu.

O ano era de 1893, um médico foi indicado ao cargo de Ministro do STF no governo do presidente Floriano Peixoto e ele assumiu a vaga de ministro por 10 meses. Uma brecha legal permitiu tal indicação. Seu nome? Cândido Barata Ribeiro, que fora prefeito do Distrito Federal em 1892 e mantinha grande influência no cenário político da época. Diferente de hoje, que o ministro só toma posse ao seguir o rito e após ser sabatinado e aprovado pelo senado. Os trâmites e os moldes de indicação no século XIX eram outros e as indicações não exigiam notório saber jurídico, apenas notório saber científico, algo que o indicado possuía. Todavia, era médico, por isso a indicação do Barata Ribeiro seguiu, a posse também não era após a sabatina no senado. Era possível assumir o cargo e posteriormente ocorria a aprovação ou não do nome, no caso do Barata Ribeiro ele foi empossado em 25 de novembro de 1893 e somente 10 meses depois, quando já despachava tranquilamente no Supremo Tribunal Federal, sua posse foi revogada, precisamente em 24 de setembro de 1894. Por seus saberes não serem compatíveis com o cargo de ministro do STF, o governo justificava que para a indicação a lei não exigia notório saber jurídico, apenas saber científico e, ao usar tal justificativa, o governo

Floriano Peixoto foi contraposto por membros do congresso, que responderam que não se poderia colocar um físico no cargo do STF, por exemplo, apenas por ter notório saber científico. Superada tal situação a constituição passou a exigir, especificamente notório saber jurídico, porém, a lei hoje ainda não exige que eles sejam graduados em ciências jurídicas/direito.

    Se você estava surpreso com a indicação do André Mendonça pelo fato de Jair Bolsonaro tê-lo escolhido por ser pastor evangélico, acho que se surpreendeu ainda mais com o que ocorreu no governo Floriano Peixoto, governo inclusive muito similar ao do Bolsonaro, onde o congresso era ameaçado constantemente e onde o Presidente, em muitos momentos, era a maior ameaça para o país. Barata Ribeiro foi um dos 5 nomes rejeitados na história das indicações para o STF, então a possibilidade de o Pastor André Mendonça não ser aprovado é real.

15/07/2021

SEMIPRESIDENCIALISMO NO BRASIL? A NOVA INVESTIDA DO PSDB E ARTHUR LIRA

Nos últimos dias, a pauta "Semipresidencialismo" passou a ser muito buscada nas redes sociais e internet, afinal, o que seria tal sistema? Em qual forma de governo ele se encaixa? O que muda no Brasil caso isso seja aprovado? Isso vai dar certo? Antes de responder a todas estas perguntas precisamos recorrer ao passado, à história, para poder entender se é a primeira vez que tal pauta surge, se o povo já respondeu sobre isso e por qual motivo este assunto voltou à tona.

Na jovem República brasileira, a alteração da forma e sistema de governo já foram referendadas algumas vezes, as duas mais recentes ocorreram na década de 1963 e no ano de 1993, nestas oportunidades os brasileiros foram perguntados sobre formas e sistemas de governo e, apesar de a palavra semipresidencialismo não se apresentar nas cédulas, o sistema de governo sugerido na PEC do deputado federal Samuel Moreira (PSDB-SP) se assemelha muito ao parlamentarismo, ideia superada duas vezes no Brasil contemporâneo.

Em agosto de 1961, o presidente do Brasil Jânio Quadros decidiu renunciar ao cargo máximo do executivo nacional, na ocasião, o vice João Goulart não pôde assumir a presidência, pois se encontrava em viagem oficial à China Popular. Com medo da proximidade que Jango tinha da classe trabalhadora e dos sindicatos, os militares brasileiros prontamente agiram para impedir a posse do vice petebista, o presidente da câmara dos deputados Pascoal Ranieri Mazzilli, segundo na linha de sucessão, assumiu o cargo do executivo nacional interinamente até a volta de Jango, que naquele momento não tinha sua posse garantida, todavia, no dia 2 de setembro, para pôr fim à crise sobre a posse do vice chefe do executivo brasileiro, foi aprovada a emenda constitucional número 4 que garantia a posse de João Goulart, mas instaurava no Brasil o parlamentarismo. O então presidente Jango foi empossado, porém com poderes limitados. No parlamentarismo, o presidente(a) é eleito e um primeiro-ministro(a) é indicado geralmente pelo congresso/parlamento.

O Brasil, no período da fracassada experiência parlamentarista, teve 3 primeiros-ministros, entres estes o Presidente eleito no pós ditadura militar Tancredo Neves. O período foi marcado por atropelos políticos, desrespeito à divisão do executivo entre presidente e primeiro-ministro e decisões arbitrárias e unilaterais por parte do próprio congresso. Na EC número 4, já estava previsto um plebiscito para o início do ano de 1965, em que ocorreria consultar a população brasileira sobre a manutenção ou fim do parlamentarismo e retorno do presidencialismo. Após greves de categorias trabalhistas e sindicatos, cobranças e articulações políticas, o congresso decide antecipar a consulta popular para 06 de janeiro de 1963. O link de consulta do referendo pode ser acessado no link a seguir https://www.tse.jus.br/eleicoes/plebiscitos-e-referendos/referendo-1963.

Arquivo EBN/Divulgação/Jc

O resultado da consulta à população? Cerca de 80% da população brasileira decidiu retornar ao sistema presidencialista e João Goulart voltou a ser o único chefe do governo e do estado, porém teve seu mandato usurpado por um golpe cívico-militar em 1964.

Superada a ditadura militar em 1985, no final da década, o Brasil aprovou a nossa carta magna, atual constituição de 1988, nela se previa e regulava datas para eleição, formas e sistemas de governo, quem poderia ou não concorrer a cargo eleitoral e já pré-definia o ano de 1993 para mais uma consulta popular que iria decidir se o sistema político brasileiro seguiria como república ou se seria uma monarquia. Caso a república fosse a vencedora, o povo iria definir se o sistema adotado seria presidencialista ou parlamentarista. A consulta foi feita em 21 de abril de 1993 e cerca de 70% do povo brasileiro decidiu manter a forma de governo como república e o sistema de governo como presidencialismo. A consulta aos dados do plebiscito pode ser feita através do link a seguir https://www.tse.jus.br/eleicoes/plebiscitos-e-referendos/plebiscito-1993/plebiscito-de-1993.

Cédula do plebiscito de 1993. Imagem: Governo Federal.

Superado mais uma consulta à população, o presidencialismo foi mantido, mas nos últimos anos, mais e mais propostas têm sugerido a mudança do modelo atual do nosso sistema de governo presidencialista para o semipresidencialismo, algo muito similar ao parlamentarismo, onde o presidente é eleito em geral por voto popular, mas os poderes são divididos com um primeiro-ministro, que normalmente é indicado pelo congresso.

O que é o semipresidencialismo?
O semipresidencialismo é um sistema de governo onde o poder executivo é dividido entre o presidente e o primeiro-ministro. Alguns países do mundo adotam tal sistema, mas as formas de eleição, indicação e manutenção dos cargos podem mudar de país para país. Na França e na Rússia, países que adotaram o semipresidencialismo, o presidente(a) é eleito por voto popular e o primeiro-ministro é indicado pelo presidente(a) eleito(a). Na Ucrânia o sistema também é o semipresidencialismo, mas o modo de alcançar os cargos são distintos, o presidente(a) é eleito pelo voto popular e o primeiro(a) ministro(a) é indicado pelo poder legislativo. Na Polônia, a situação é ainda mais distinta: tanto o presidente(a) quanto o primeiro(a)ministro(a) são eleitos por voto popular.

No Brasil, apesar de propostas similares já terem sido descartadas, esse tema retorna com força, afinal o centrão passou a ter muito mais poder e influência no governo do presidente Bolsonaro. O atual presidente da câmara dos deputados, por exemplo, Arthur Lira, deputado federal (PP-AL), vê com bons olhos a possibilidade de analisar e até mesmo pautar a PEC do semipresidencialismo. O motivo? Poder! Um controle ainda maior por parte dos caciques políticos brasileiros, caso a proposta prospere, seja aprovada e o Brasil decida adotar o sistema ucraniano no cenário atual, o presidente seria Bolsonaro e o primeiro-ministro seria possivelmente o Arthur Lira. Ficou mais claro agora o motivo de tal interesse? Muitos vão questionar se para tal aprovação não seria necessário ao menos uma consulta popular. E a resposta é sim e não, como assim?

Sim, em tese teriam de consultar o povo mais uma vez antes de tal decisão, afinal estamos falando sobre nossa república e nosso sistema de governo, porém, não, eles não são obrigados a seguir o resultado do referendo, ou seja, estamos nas mãos do centrão de Lira e cia, e a coisa pode ficar ainda pior se o distritão passar junto com a PEC do semipresidencialismo. Por isso precisamos cobrar os políticos para fazer valer o que já foi referendado e respeitar a opinião do povo que em mais de uma oportunidade já decidiu manter o presidencialismo.

23/07/2021

BOLSONARO É NEONAZISTA! AGORA ELE NÃO PODE MAIS NEGAR

Crédito: Reprodução/Instagram Beatrix von Storch

No meu primeiro artigo, postado na Pingback, citei a relação entre "bolsonarismo" e nazismo e as semelhanças presentes nos dois regimes fascistas. Inclusive no número de mortos nos dois genocídios, o alemão de Hitler e o brasileiro de Bolsonaro, que se contássemos apenas as mortes de judeus, daria uma média de 500 mil mortos por ano da ascensão à queda do nazismo na Alemanha. Algumas pessoas acharam exagerado, de tom grosseiro e até que eu teria criado fatos que não existiam, pois bem, três semanas depois novas situações vieram à tona. Desde a visita de uma deputada alemã do partido Alternativa para a Alemanha (AFD) de extrema direita e neonazista a deputados "bolsonaristas" e ao próprio presidente Bolsonaro, até a descoberta de uma carta do chefe do executivo nacional para grupos neonazistas.

Apesar da obstante inteligência existente entre Bolsonaro e Hitler, não se pode negar que ambos são parecidos ao menos nos critérios inumanos, genocidas, odiosos com grupos de esquerda e perseguição a minorias sociais. O presidente do Brasil, em mais de uma oportunidade, sinalizou de forma amigável aos grupos conhecidos no nosso país e no mundo como sendo atrelado aos radicais de extrema direita, supremacistas brancos e neonazistas. No primeiro artigo que postei sobre esse assunto aqui mesmo na Pingback, citei diversos momentos em que tanto o chefe do nosso executivo quanto seus filhos e apoiadores estiveram ao lado apoiando, ou até mesmo promovendo pessoas que simpatizavam com os neonazistas, racistas, supremacistas e até Adolf Hitler.

Crédito: reprodução/Twitter

Alguns dias atrás, os Deputados Federais Bia Kicis (PSL-DF) e Eduardo Bolsonaro (PSL-SP) receberam a visita da deputada pelo partido Alternativa Para a Alemanha (AFD) de extrema direita que aloca neonazistas no país germânico, a senhora Beatrix Von Storch, neta do ministro das finanças nazista Johann Ludwig Schwerin von Krosigk. A deputada "bolsonarista" prontamente tentou justificar a visita defendendo a herdeira neonazi, alegando, inclusive, que a neta do nazismo era cristã, defensora da família e combatia o discurso de ódio, isso mesmo, meus amigos, a Bia Kicis falando em combater discurso de ódio, logo ela, da famosa máscara do "E DAÍ", quando atingia o auge da pandemia da covid-19.

Já o filho 03 do Bolsonaro apenas disse que ambos estão se unindo pelo conservadorismo no mundo e é claro que Jair Bolsonaro não deixaria passar uma visita dessas no país sem abraçá-la. Nosso presidente não só recebeu Beatrix Von Storch como tirou fotos todo sorridente ao lado dela, algo comum ao Bolsonaro tirar foto feliz ao lado de neonazistas. Basta olharmos a foto que o capitão da reserva tirou com o sósia de Hitler alguns anos atrás.

A extremista tida como defensora da família, do conservadorismo e da cristandade, a senhora Von Storch, é conhecida por ser vice líder do AFD, partido que é acompanhado de perto pelas autoridades alemãs pelo risco que frequentemente representa a democracia do país, por ações xenofóbicas, racistas e de aceno aos neonazistas, defendeu o uso de armas de fogo contra refugiados que chegassem na Alemanha através das fronteiras na crise de migração de pessoas do Norte da África e de algumas regiões do Oriente Médio. Em diversas oportunidades, ela expressa seu ódio no parlamento alemão.

Os fatos acima já causariam estranheza e constrangimento e provaria de forma inconteste a simpatia existente entre Bolsonaro e o Nazismo, mas nesta semana, surgiram novas informações relacionadas a Jair Bolsonaro e aos neonazistas que representam a cereja do bolo. A antropóloga e pesquisadora da PUC de Campinas Adriana Dias, que faz um trabalho de rastreio, pesquisa e denúncia de sites extremistas, racistas e de ultradireita, divulgou que encontrou uma carta do então deputado federal Jair Bolsonaro a um grupo de neonazistas, o ECONAC. A carta publicada neste site também pôde ser encontrada em outros sites neonazistas e supremacistas. A data da correspondência é de 17 de dezembro de 2004, o presidente deseja felicitações e agradece ao apoio e diz que o grupo é a razão do mandato dele.

Pedido de Sessão Solene Para os Militares Que Combateram Guerrilheiros Comunistas

Jair Bolsonaro

Brasília-DF, 17 de dezembro de 2004.

Prezado(a) Companheiro(a),

o término de mais um ano de trabalho, dirijo-me aos prezados internautas com o propósito de desejar-lhes felicidades por ocasião das datas festivas que se proximam, votos ostensivos aos familiares.

odo retorno que tenho dos comunicados se transforma em estímulo ao meu trabalho. Vocês são a razão da existência do meu mandato. Em dezembro estou ompletando 16 anos de vida como parlamentar contra os 15 de efetivo serviço ao nosso glorioso Exército Brasileiro.

utrossim, informo que, como última atividade no corrente ano, protocolei Requerimento no sentido de realizar Sessão Solene em homenagem aos militares as Forças Armadas assassinados no Araguaia. Caso deferido, a sessão contará com a honrosa presença do Coronel R/1 LICIO MACIEL, autor da prisão do uerrilheiro de festim" José Genoíno.

tenciosamente,

AIR BOLSONARO

eputado Federal - PFL/RJ

Reprodução/Web Archive

Um ponto importante que a antropóloga também chama a nossa atenção se refere a banners encontrados nos sites fazendo alusão ao deputado, entrega das armas e frases reacionárias, segundo informações obtidas através da ALEXA, ferramenta que analisa o tráfego. 90% dos acessos ao site bolsonaro.com.br tinha como origem os sites neonazistas. Cerca de 300 mil visitas ao site vieram de portais deste tipo, se hoje 300 mil acessos é um número elevado, imagina em 2004, era algo simplesmente absurdo. Outro ponto que a pesquisadora destacou foram os países de origem do tráfego, muitas visitas vinham de países da Europa. Adriana ressalta que o site Econac era brasileiro-português, isso possivelmente ajudou na elevada audiência em países do velho continente, apesar disso este não era o único site/portal neonazi e ou supremacista a fazer referência a Bolsonaro com frases, banners ou citando a carta. O site Poder Branco também fazia menções ao capitão genocida, o deputado da época, como é possível notar na carta, sabia como se comunicar com esses grupos, tipo de linguagens, acenos e afagos, antes que digam que a carta era aleatória e não direcionada apenas a estes grupos. Adriana explica que a carta só foi encontrada em sites ligados à ultra direita, neonazistas e supremacistas brancos. O site da Econac foi retirado do ar em 2006, a pesquisadora disse em entrevistas à revista Fórum e ao The Intercept Brasil que esse fato é revelador e mostra a relação de Bolsonaro com os extremistas de direita há mais de 15 anos. A antropóloga lembra que o presidente numa comentou sobre tal fato, tentando mantê-lo no submundo em segredo, mas que apesar disso ele sabe com quem ele dialoga e qual mensagem precisa ser passada.

Reprodução/Web Archive

Quando chamamos os pequenos grupos de apoiadores mais fanatizados de Jair Bolsonaro de fascistas, cúmplices do neonazismo brasileiro, não é mera retórica, os fatos falam por si. A relação do Bolsonaro com os radicais de ultradireita neonazistas é longínqua e o nascimento do bolsofascismo não ocorreu de 2018 para os dias de hoje. É um processo muito mais distante com relação direta com os grupos mais perigosos da história. Após confirmação de todas estas informações, se você continua defendendo o presidente, você agora não só apoia o fascismo como flerta de forma racional com o neonazismo e toda sua carga maléfica e perigosa. Se você não se importa, nós sempre lembraremos de vocês.

30/07/2021

QUEM VAI PARAR BOLSONARO?

Nas repúblicas tripartites contemporâneas, ocorre a divisão dos poderes em três: Executivo, Legislativo e Judiciário. Onde, em tese, precisa existir, além da separação dos poderes, a harmonia entre estes, afinal, diferente do que muitos pensam, nenhum poder é mais ou menos importante que o outro. Porque a função de um poder é fiscalizar e complementar o outro. Quando Charles Louis de Secondat, conhecido por "Barão de Montesquieu" sugeriu a tripartição, o fez pois achava muito perigoso o que ocorria na Europa da época do Absolutismo, a concentração do poder nas mãos de uma única pessoa. Quem poderia controlar os limites até onde a dita pessoa poderia ir? Quem fiscalizaria excessos e irregularidades? Afinal, todo o poder estava concentrado nas mãos de uma única pessoa, o rei, a ideia de divisão e separação dos poderes serviria para fiscalizar um ao outro e, em tese, inibir abusos, exageros de um poder para com os outros e até mesmo para com as leis e códigos.

Mas, no Brasil, estamos seguindo em uma direção perigosa, todavia, a nossa jovem democracia reestabelecida após 21 anos de Ditadura Militar, vez e outra passa por ameaças e depreciações. O atual Presidente da república, LÍDER DO FASCISMO À BRASILEIRA, Jair Bolsonaro, desde a época de deputado federal, desrespeitava as leis, ofendia seus pares e, segundo diversas denúncias, comandava esquemas escusos de corrupção, hoje conhecidas pelo nome de "rachadinhas". A teoria do "paradoxo da tolerância" do Karl Popper é a prova que o Brasil realmente exagerou nas tolerâncias com os intolerantes, ao passo de o INTOLERANTE-MOR ter chegado ao cargo máximo do executivo nacional. O Capitão do exército, Jair Bolsonaro, teve uma carreira marcada por polêmicas e tumultos na instituição. A mais grave que culminou com sua saída das forças armadas foi um plano para cometer um atentado terrorista como forma de reivindicar supostamente direitos. O plano feito a próprio punho por Bolsonaro foi descoberto e ele acabou detido, inicialmente foi expulso da corporação, mas após recorrer, conseguiu reverter o resultado em um acordo de cavalheiros, como muitos acreditam. Passou para a reserva militar como capitão do exército e, findando por ingressar na vida política, na época, segundo o Presidente já possuía laços com o líder da organização criminosa do seu filho, segundo denúncia do MP-RJ, o ex-PM Fabrício Queiroz. Essa foi a primeira vez que Bolsonaro conseguiu a tolerância de quem não deveria ter tolerado seus atos criminosos.

Crédito: Revista Veja

No início dos anos 90, Jair Messias Bolsonaro consegue seu primeiro mandato como deputado federal, cargo ocupado até 2018. Neste longo período, o político cometeu diversos crimes, inclusive alguns imprescritíveis, que ele acabará respondendo quando deixar o cargo de presidente. Caso o atual chefe do executivo nacional tivesse sido responsabilizado pelos atos e possíveis crimes no passado, não teríamos Bolsonaro eleito em 2018 e quem sabe nem o teríamos mais na política. Onde falhamos? Qual é o risco que o país corre em ser tão tolerante com os intolerantes? A resposta? Excesso de negligência, benevolência e até mesmo de irresponsabilidade. Por conta disso, nossa democracia corre risco, não de ruptura meramente, mas também da perda da credibilidade, afinal se Daniel Silveira pôde ser preso por falas e atos alegados criminosos, contra a constituição e a Lei de Segurança Nacional. Por qual motivo Bolsonaro e seus filhos não têm punição ou denunciação similar? Essa é a pergunta que intriga e é existente na sociedade hoje.

Crédito: Revista Veja

Em 2016, quando foi levado de forma coercitiva para depor, a mando do ex-juiz parcial Sérgio Moro, o ex-presidente Lula, ao término do depoimento, ligou para a ex-presidenta Dilma Rousseff e para o ex-ministro Jacques Wagner extremamente revoltado. O motivo? A falta de ação das instituições em relação à condução e tantos outros fatos ocorridos no ano de 2016, em especial. O petista chegou a dizer as seguintes palavras:

"Nós temos uma Suprema Corte totalmente acovardada, nós temos uma Superior Tribunal de Justiça totalmente acovardado, um Parlamento totalmente acovardado, somente nos últimos tempos é que o PT e o PC do B é que acordaram e começaram a brigar. Nós temos um presidente da Câmara fodido, um presidente do Senado fodido, não sei quantos parlamentares ameaçados, e fica todo mundo no compasso de que vai acontecer um milagre e que vai todo mundo se salvar. Eu, sinceramente, tô assustado com a "República de Curitiba". Porque a partir de um juiz de 1ª Instância, tudo pode acontecer nesse país."

O link do vídeo com as falas do Lula pode ser acessado aqui: https://globoplay.globo.com/v/4894956/

Nas palavras rudes e duras, o ex-presidente apontava a passividade das instituições com quem ultrapassava os limites legais e o risco que isso representava. O que tem acontecido ainda hoje, desde a posse, o Presidente Bolsonaro ataca o judiciário, o legislativo, instiga ataques a estes, comete crimes contra a lei de segurança nacional, constituição, código penal e descumpre estatutos internacionais como o ESTATUTO DE ROMA, documento que o Brasil é signatário. A prisão do Bolsonaro seria algo complexo, até mesmo a abertura de um inquérito para investigar os crimes possíveis de Jair Messias, afinal, por ser presidente, ele tem prerrogativas especiais, mas seus filhos, apoiadores e aliados não gozam totalmente das mesmas prerrogativas, porém até aqui, apenas o deputado Daniel Silveira foi preso e enfrenta legalmente responsabilizações, já o clã Bolsonaro, criminosos que agem contra a democracia e comandam as milícias virtuais, NADA!

Agora o STF tem tentado manifestar força, pressionando o presidente e exigindo respeito aos códigos e leis, algo que o Jair Bolsonaro ignora e nunca fez durante toda a sua história como homem público. Essa semana, porém, surgiram sopros de esperança, depois de divulgar incansavelmente mentiras sobre as urnas eletrônicas e suposta fraude eleitoral, foi incluído pelo ministro Alexandre de Moraes no inquérito das Fakes News, aberto em 2019, para apurar a rede criada com intuito de disparar desinformações e ataques a grupos e opositores políticos do família Bolsonaro. Na última quinta-feira, o presidente do STF, ministro Fux, leu nota na suprema corte do judiciário brasileiro repudiando os ataques do Presidente aos ministros Alexandre de Moraes e Roberto Barroso. Nas palavras do ministro Fux, os ataques do Presidente Bolsonaro aos seus pares no judiciário são um ataque a toda a corte, imaginamos com isso que a postura do judiciário mude e com a pressão popular a do legislativo e do senhor Arthur Lira também, mude. Afinal, precisamos parar Bolsonaro ou nossa democracia continuará em risco. Quem será o responsável por parar Jair Messias Bolsonaro?

06/08/2021

QUEM VAI PRENDER CARLOS BOLSONARO?

A última sexta-feira foi movimentada no estado do Rio de Janeiro, duas prisões de figuras políticas ligadas ao Presidente Bolsonaro movimentaram o noticiário policial. A agora cassada, deputada Flordelis, acusada de mandar matar o marido, o pastor Anderson do Carmo e o famoso criminoso político, Roberto Jefferson, acusado de atos contra a democracia em uma lista de cerca de 11 crimes. A prisão do presidente do PTB foi concedida pelo STF através da figura do ministro Alexandre de Moraes, que tem atuado mais incisivamente nos casos de atos contra a democracia, o estado democrático de direito e ameaças às instituições. Apesar dos diversos crimes cometidos pelo agora intitulado "Bob Jeff Road King" alguns advogados e juristas questionaram sua prisão alegando falta de fundamentação do ministro Moraes na sua decisão. Esse fato tem dividido opiniões no meio jurídico, mas os crimes cometidos pelo senhor Jefferson foram e são reais e nisto não existem divergências.

O repertório de crimes cometidos pelo agora aliado do Presidente Bolsonaro é extenso. Quando deputado, Roberto Jefferson era ligado ao centrão, foi inclusive uma das figuras mais marcantes desde núcleo político fisiológico, fez parte da base de apoio de vários políticos, inclusive do governo Lula e ficou nacionalmente famoso ao denunciar em uma entrevista para a jornalista Renata Lo Prete em 2005, o esquema de corrupção conhecido como mensalão. O link da reportagem pode ser consultado aqui https://www1.folha.uol.com.br/folha/brasil/ult96u69402.shtml.

Jefferson acabou posteriormente sendo preso e, como não poderia deixar de ser, também fez um espetáculo antes de ser capturado pela polícia indo passear de moto antes de ser recluso. O petebista não é figura importante dentro do clã Bolsonaro, para muitos é só um bobo da corte, uma distração, acabou preso pela reiterada conduta criminosa, assim como ocorreu com o deputado Daniel Silveira, apesar da movimentação que por certa feita culminou nas prisões na última sexta-feira. A grande pergunta é: o que falta para Carlos Bolsonaro e o Eduardo Bolsonaro serem presos?

Sim, pois o filho preferido do presidente Bolsonaro é apontado como líder do conhecido gabinete do ódio e tem promovido ataques frequentes às instituições e, assim como Roberto Jefferson e Daniel Silveira, deveria ser preso. Afinal, o vereador carioca não goza de premissa especial de foro por ser um edil, estando, todavia, em possibilidade de prisão já que o STF em 2020 decidiu que tal prerrogativa de foro privilegiado não se entende aos vereadores, Carluxo como é chamado o 02 pela família também se envolveu na polêmica situação do porteiro do condomínio Vivendas da Barra, residência de Jair Bolsonaro no Rio. O porteiro teria dito que os assassinos da vereadora Marielle Franco e seu motorista Anderson visitaram o presidente Bolsonaro em seu endereço, local inclusive onde residia um dos assassinos, Roni Lessa. Na época, Carlos Bolsonaro foi até a portaria do condomínio e simplesmente atropelou os procedimentos jurídicos legais acessando as possíveis provas que podem ter sido sim adulteradas e as filmou alegando que o porteiro não disse o nome do seu pai e que a visita de um dos assassinos da vereadora do Psol e do motorista não teria sido na casa do presidente, porém esqueceu de dizer que a voz do porteiro do vídeo que ele filmou não é a mesma do porteiro que fez a denúncia. Voltando às "fake News" e a ORCRIM que é o citado gabinete do ódio, os irmãos Eduardo e Carlos estão diretamente ligados ao funcionamento deste nefasto setor mantido com dinheiro público e de empresários bolsonaristas, que tem por finalidade disparar ódio, atacar e ameaçar os opositores políticos do clã Bolsonaro. Segundo documentos enviados pelo facebook para a Cpmi das fake News, os filhos de Jair Bolsonaro comandam o gabinete do ódio acessando os perfis de ataque inclusive do gabinete do deputado Eduardo Bolsonaro, com acessos feitos por assessores do deputado. Apesar do filho 03 do presidente possuir foro privilegiado por ser deputado federal, o 02, Carluxo não o possui, é apenas um vereador sem prerrogativa especial, com isso o filho mais querido de Jair Messias Bolsonaro poderia ser preso, por organização criminosa e crimes contra a constituição, o Código penal e a quase aposentada LSN.

Apesar de tudo isso, o mais próximo que chegamos de ter o Carlos Bolsonaro preso foi em outubro de 2020 quando, segundo reportagem divulgada na revista Veja e que pode ser acessada no link a seguir https://veja.abril.com.br/politica/planalto-recebeu-informacao-de-que-filhos-de-bolsonaro-poderiam-ser-presos/, o ministro do STF teria procurado interlocutores da família Bolsonaro e avisado que ou o filho do presidente parava de atacar as instituições e instigar atos antidemocráticos ou o ministro Alexandre de Moraes pediria a prisão do político. O recado aparentemente chegou, o clã ficou mais moderado por alguns dias, todavia, poucos dias depois voltaram às atividades normais de ataques às instituições. Dadas as prisões do deputado federal Daniel Silveira e Roberto Jefferson, agora se deve questionar: Quando prenderão Carlos Bolsonaro?

GABRIELA PRIOLI GERA ÓDIO NOS HOMENS POUCO INTELIGENTES

Crédito: Reprodução youtube

Algumas semanas atrás, a advogada, apresentadora, escritora e mestre em direito, Gabriela Prioli participou do Flow Podcast acompanhada do seu companheiro Thiago Mansur. Eles falaram sobre diversos temas e assuntos e, como ocorre nos episódios do tal podcast, perguntas e questionamentos são feitos, afinal é uma conversa direta onde se trocam informações, opiniões e claro, DADOS. Todavia um dos âncoras, o Monark que faz comentários utilizando como parâmetros técnicos sua visão de mundo, sua opinião e vivência como artefato argumentativo, algo até compreensível já que nem todos têm a mesma vivência e percepções. Certa feita no caso da participação da ADVOGADA, algumas pautas importantes foram levantadas e não poderiam ser debatidas, questionadas ou confrontadas seguindo apenas senso comum ou opinião, um bom exemplo foi a pauta relacionada à educação, onde o podcaster disse que a qualidade da educação do Brasil é muito ruim e que só piora. A jurista então perguntou a ele se teria os dados para tal discussão, afinal, como se tratava de um tema sensível e polêmico, o correto seria apresentar as informações e confrontá-las de acordo com as amostras. Eis que daí surge um certo desentendimento, por parte do jovem cabeludo Monark que diz não precisar de dados para discutir os assuntos, mas como a advogada é muito educada, a divergência foi superada e o papo seguiu.

A partir daí, levantou-se na internet um questionamento: precisamos de dados para discutir assuntos do cotidiano? Como educação, saúde, política e corrupção? E a resposta é SIM e NÃO, como assim? Não precisamos de dados para discutir todos os temas do cotidiano, afinal algumas discussões baseiam-se em mera percepção e não em fontes ou dados científicos, mas quando o objetivo é formar opinião ou questionar algo de relevância, a presença de informações técnicas é necessária. No caso do assunto apresentado pelo Monark, a educação, vários parâmetros são utilizados para aferir a qualidade ou o déficit no ensino: Pisa, Enade, Ideb, informações do INEP, MEC, secretaria estadual de educação, secretária municipal de educação, afinal a educação é obrigação atribuída à UNIÃO, ESTADOS E MUNICÍPIOS. Sendo assim, o senso comum, a mera percepção não pode ser o único ou o principal atributo para tal discussão, por isto a observação levantada pela Gabriela Prioli, e, apesar do assunto ter ocorrido meses atrás, hoje retomo pois, os ataques e ofensas contra a moça só vêm aumentado, em uma sociedade machista onde a mulher não pode ter destaque. Rapidamente a frase "Você tem os dados?" dita pela operadora do direito se tornou meme, todavia em um modelo social onde as mulheres são sempre subjugadas, quem seria a tal "Doutora" para confrontar o Gênio dos games Monark?

Essa não é a primeira vez que a Gabriela passa por isso, quando estreou no canal CNN Brasil no quadro "O Grande Debate" com o bacharel em direito Caio de Arruda Miranda que atende pelo Pseudônimo de Caio Coppolla, muitos imaginavam que a Gabriela Prioli faria o papel da "Barbie bonitinha, mas, sem inteligência". Não se pode negar que a aparência da senhora Prioli salta aos olhos, no entanto seus saberes destacaram-se e foi aí que a expectativa dos fãs do menino Coppolla foram frustradas. Gabriela Prioli não era só um rosto bonito na Tv, era uma mulher inteligente e que sabia sobre o que falava e dominava muito bem as pautas trazidas e as leis, o seu oponente nos debates por vezes saía envergonhado basicamente por não dominar as pautas, os aspectos do debate e aos poucos, já naquela época, ainda em março de 2020, se levantavam inquirições sobre a capacidade da advogada.

21/08/2021

A CHEFE DAS RACHADINHAS DO CLÃ BOLSONARO

Crédito: Reprodução

Mais uma bomba caiu no colo do clã Bolsonaro, um ex-funcionário da família que atualmente trabalhava para a ex-esposa do Presidente Bolsonaro, Ana Cristina Valle, chateado com promessas não cumpridas pela agora ex-patroa, fez revelações bombásticas, desde a confirmação de como funcionava o esquema das rachadinhas, quem eram os laranjas que compraram imóveis para o clã Bolsonaro e pessoas ligadas a eles, até uma suposta traição da Ana Cristina Valle com o segurança da família que teria sido o pivô da separação entre Jair Bolsonaro e sua segunda companheira, foi revelado por Marcelo Nogueira.

No dia 02 de setembro, o jornalista Guilherme Amado divulgou um artigo na sua coluna no portal Metrópoles onde trazia informações de um ex-funcionário de Ana Cristina Valle, tido como pai de criação pelo filho 04 do presidente Bolsonaro, Jair Renan escancarou todo o esquema de rachadinhas, quando começou, quem administrava inicialmente e revelou que a mansão em Brasília que a ex-líder das rachadinhas vive com seu filho teria supostamente sido comprada por laranjas por um valor de cerca de 2,9 a 3,2 milhões de reais. A notícia que o imóvel é alugado segundo Marcelo seria apenas de fachada. Mas muitos de vocês estão se perguntando, por qual motivo o Marcelo falaria estas coisas? Quem teria dito isso para ele?

Crédito: Reprodução Instagram

Segundo o senhor Nogueira, tudo que ele sabe teria sido presenciado por ele em muitos momentos e em outros, a própria Ana Cristina teria dito. Afinal, o que o Marcelo sabe? Marcelo diz que sabe de todos os esquemas desde a eleição de Carlos Bolsonaro para o cargo de vereador com 17 anos no ano 2000, passando pela eleição de Flávio e instalação do esquema em seu gabinete até informações de esquemas mais recentes que manteriam Ana Cristina com laranjas ligados à família presidencial. Segundo Nogueira, o Carlos Bolsonaro era tão jovem e ganhava tanto dinheiro como vereador que seu pai teria colocado a Ana Cristina para comandar o esquema de rachadinhas, ele confirma que o Carlos sabia de tudo, mas não se importava, todavia, recebia um alto salário como vereador sendo muito jovem e o pai, Jair, não deixava faltar nada. O esquema foi tão bem-sucedido que no ano de 2003, Ana ficou responsável por colocar em prática o mesmo esquema no gabinete do recém-eleito deputado estadual Flávio Bolsonaro. A roubalheira dos cofres públicos envolvia parentes e amigos de Cristina que só foi retada da frente da organização das rachadinhas e se separou do presidente Bolsonaro após uma suposta traição da líder e organizadoras das fraudes que teria traído Jair Bolsonaro com o segurança da família.

Crédito: Arquivo Pessoal

Marcelo disse que denunciou tudo pois sua agora ex-patroa não estava cumprindo um acordo financeiro firmado com ele, segundo o então denunciante, sua ex-patroa teria prometido um acordo para remunerá-lo com cerca de 3 mil reais mensais, porém apenas 20% desse valor estaria sendo repassado, segundo o denunciante, ela ficava com a maior parte dos valores pagos a ele e a outras pessoas que eram laranjas do esquema. Nogueira diz ainda recebia 20% pois trabalhava, mas muitos dos envolvidos no esquema recebiam muito menos, já que nem aparecia nos locais onde estavam direcionados a trabalhar. Essa não é a primeira vez que alguém confirma as rachadinhas nos gabinetes do clã Bolsonaro, a ex-cunhada de Jair Bolsonaro e irmã de Ana Cristina teve recentemente áudios divulgados onde ela confirma para um amigo que as rachadinhas existiam e que ela, seu irmão e outros membros da família eram beneficiados, tanto no gabinete do Carlos quanto no gabinete do Flávio. Outra importante confirmação veio de uma ex-assessora do gabinete de Flávio chamada Luísa Souza, a ex-servidora confirmou que existiam os desvios, como aconteciam os repasses e qual o papel do Queiroz no esquema.

Crédito: Reprodução Andrea Valle

A notícia vem na semana que o MPJR conseguiu a quebra de sigilo fiscal de Carlos Bolsonaro, elo mais fraco entre os membros da família e muitas pessoas começaram a questionar: quando os envolvidos serão presos? A resposta é meio complexa. O Flávio e o Eduardo, por serem Senador e deputado Federal, respectivamente, gozam de prerrogativas especiais pelo cargo que ocupam a exemplo do foro privilegiado; já o presidente, no exercício do seu mandato, não responde a atos estranhos a este, ou seja, mesmo que existam provas mais robustas do esquema, o Jair só responderá quando deixar o cargo de presidente, no entanto, como certamente Carlos Bolsonaro pode ser preso a qualquer momento, afinal o vereador carioca não conta com as mesmas prerrogativas que seu pai e irmãos, como o STF já reconheceu inclusive em 2020 que vereadores não gozam de foro privilegiado, agora com mais esta informação apresentada pelo Marcelo, é questão de tempo para se escolher por qual crime o filho preferido de Jair Bolsonaro será preso e como será o futuro da ORCRIM que assumiu cargos importantes no nosso país.

04/09/2021

QUAL É O VERDADEIRO BOLSONARO?

Crédito: Ascom governo federal

Muitas pessoas se surpreenderam com o pedido de desculpas do presidente Jair Bolsonaro às instituições da república, em especial ao STF e à figura do ministro Alexandre de Moraes, vítima de ataques do chefe do executivo e de apoiadores de forma mais ríspida no último dia 7 de setembro. Mas qual é o verdadeiro Jair Bolsonaro? O de terça-feira, 7 de setembro, que atacou ministros e ameaçou golpe de Estado, ou o da quinta-feira? Que pediu desculpas e acabou por culpar seus apoiadores pelo calor do momento em suas falas contra a democracia brasileira?

Pois bem, na verdade, o simples seria dizer que Bolsonaro é isso aí, um misto de covardia com truculência, vergonha com animosidade, autoritarismo com fraude, imposição sem real ameaça. Todavia, desde a década de 90, o atual presidente Jair já ameaçava a democracia e o Estado brasileiro com suas frases nonsenses e suas grosserias costumeiras, no entanto, à época, era só um medíocre deputado que já organizava os tais esquemas de rachadinhas, legalmente chamado de peculato ou, de forma mais direta, ROUBO DO DINHEIRO PÚBLICO que hoje sabemos que se espalhou pelos gabinetes dos filhos também políticos.

O verdadeiro Jair é o do dia 7 de setembro que também é o mesmo que dizia na televisão em 1999 que daria Golpe de Estado no Brasil se fosse presidente no outro dia, de certame que sim, Jair quer o golpe, mas depois do que "veio, viu e acabou por não vencer", alterando a frase de Alexandre Magno de forma bolsonarista já que não ocorreu a adesão imaginada, e o tal apoio das polícias não passou de especulação do imaginário dos ditos Bolsominions que se sentem donos do Brasil. Bolsonaro recuou e deixou em luto seus apoiadores que se decepcionaram com o seu mito, que os culpou pelo próprio radicalismo e disse que quem quer golpe ou grita que autoriza tomada de medidas ilegais não entende a constituição e a democracia.

Reprodução: Redes Sociais

O Bolsonaro da quinta-feira é o pai bandido que ensinou todas as artimanhas do crime aos filhos, mas também é o patriarca que prefere se recolher para proteger os filhos do que jogá-los na cadeia com ele, como assim Carlito? Simples, a semana que antecedeu o "GOLPI" Bolsonarista foi conturbada para o clã que poderia também atender por ORCRIM BOLSONARO. O MPRJ conseguiu a quebra do sigilo fiscal do filho preferido do presidente, Carlos Bolsonaro, o Carluxo, o STF também tinha marcado a data para julgar o foro privilegiado do Senador Flávio Bolsonaro no esquema das rachadinhas quando ainda era deputado estadual que acabou sendo remarcado para o dia 14 de setembro a pedido da defesa do senador e por fim, para complicar ainda mais a família Bolsonaro, um ex-amigo/funcionário relatou tudo sobre os esquemas do clã ao jornal Metrópoles na coluna do Guilherme Amado sobre como funcionavam as rachadinhas e quem comandava os desvios inicialmente, como já se sabe, a ex-esposa Ana Cristina Valle.

Com tudo isso, o que aconteceu no dia 7 de setembro consumaria o início do fim do Bolsonaro na presidência da República, afinal, não se pode negar que Jair Messias cometeu graves crimes de responsabilidade tanto em Brasília na manhã do dia 7, quanto em São Paulo na Avenida Paulista na tarde do mesmo dia, onde ameaçou proclamar o dito golpe, atacou a nossa suprema corte e xingou nominalmente o ministro Alexandre de Moraes, visto pelo presidente de extrema direita como um algoz. Pois bem, ainda na noite da terça-feira, a realidade bateu à porta de ex-capitão do exército, afastamento de aliados, força para o pedido de impeachment, crimes de responsabilidade e a iminência do pedido de prisão de seu filho mais querido.

Crédito: Ascom TSE

A solução? Chamar o golpista antecessor, Michel Temer, que foi às pressas para Brasília escrever o pedido de desculpas do presidente à nação e aos ministros atacados por Bolsonaro. Outro ponto levou Bolsonaro a Temer, ele é amigo e foi quem indicou Alexandre de Moraes ao STF, que antes fora ministro da justiça no seu governo. O ex-presidente tentou apaziguar a situação entre o presidente e os membros do judiciário brasileiro, porém, nem o ministro do STF, Alexandre de Moraes nem o presidente do TSE, Luís Roberto Barroso se mostraram convencidos do pedido de desculpas do presidente que se viu obrigado a recuar, os ministros não retrocederam em relação às ações tanto no TSE, quanto no STF. Sendo assim, Bolsonaro voltou atrás por motivo ligado à família e, até certo ponto, à política, afinal. Apesar da leniência de Arthur Lira, os partidos políticos se mostraram cansados de tantas ameaças e instabilidades.

O verdadeiro Bolsonaro é o da terça, dia 7 de setembro, o mesmo Bolsonaro que é pai dos filhos que estão atolados em acusações que podem culminar nas prisões destes e do presidente que sabe que ou muda o discurso agora ou não terá mais tolerância do judiciário nem do legislativo. Eu diria que o verdadeiro Bolsonaro é só um velho angustiado e cheio de ódio por não conseguir fazer o que realmente quer, golpear a república brasileira.

11/09/2021

LULA E LUIZA TRAJANO, UMA CHAPA IMBATÍVEL PARA 2022?

A bem-sucedida empresária brasileira, Luiza Helena Trajano, ganhou mais uma vez os holofotes nesta última semana, não pelas ações de inclusão, diversidade e compra de novas empresas. A única bilionária brasileira que não é herdeira, ou seja, que construiu seu patrimônio sozinha, entrou na lista da Revista Times como uma das 100 personalidades mais influentes do mundo, esse fato já seria um grande feito, no entanto, sendo de um país tão machista que despreza as conquistas femininas, isto não seria apenas um status social e financeiro, mas sim a quebra do machismo estrutural que tanto sufoca as mulheres no Brasil.

Luiza Helena, nos últimos anos, alavancou seus negócios e incorporou grandes empresas ao grupo do qual é proprietária. Entre as aquisições mais recentes estão, a NETSHOES, KABUM e até mesmo um PODCAST, o NERDCAST. Sempre visionária e à frente do seu tempo, a senhora Trajano foi a pioneira no e-commerce no Brasil. A empresária, além de possuir boas relações nos negócios, tem grande participação no debate político, sendo, inclusive, um dos destaques nas ações durante a Pandemia da Covid-19, chegando a liderar um grupo de mulheres contra a covid e se oferecendo até mesmo para comprar vacinas e distribuir ao PNI (Plano Nacional de Imunização). No ano de 2020, colocou em prática na própria empresa ações afirmativas que visavam incluir, em cargos de chefia, pessoas negras. A bilionária percebeu que apesar de as pessoas pretas e pardas serem maioria na sua empresa, estes ocupavam apenas 16% dos cargos de chefia. Por conta disso, ela iniciou o programa de trainee com seleção apenas de pessoas pretas e pardas para cargos de liderança na sua empresa, a decisão causou controvérsia entre os críticos de Luiza, mas a empresária uniu-se a grupos importantes de combate ao racismo e estudiosos do tema e implementou a política interna na MAGALU.

Durante a Pandemia, o Magazine Luiza firmou um acordo de não demissão dos funcionários, os mantendo mesmo com as lojas fechadas no período mais crítico da doença no Brasil. Com sua relativa boa articulação política e conhecimento de temas importantes da sociedade, Luiza era conselheira de Dilma Rousseff, ex-presidenta do Brasil, mostrando desde então seu engajamento também com temas envolvendo o debate político. Mas o que tem a ver a carreira de Luiza Trajano como empresária, a política e sua aparição na lista das personalidades mais influentes do mundo? É aí que entra um ponto importante, todavia, por conta da credibilidade que adquiriu com o mercado dos negócios, se tornou uma grande articuladora entre o empresariado e os políticos, fazendo essa ponte em muitos momentos com a própria sociedade.

Trajano tem sido assediada por vários partidos que a querem como candidata à presidência da República em 2022. Um deputado ligado ao PSB chegou a confirmar que a bilionária brasileira seria candidata à presidência pelo partido, informação que foi prontamente desmentida pela própria Trajano. Apesar das negativas de sua entrada para a política, ganhou destaque quem escreveu o texto sobre Luiza Helena para a Times, o ex-presidente Lula. Lula e o PT tentam de todas as formas uma aproximação com Luiza para a formação de uma chapa eleitoral visando o pleito de 2022, algo que muitas pessoas não acreditavam até que a lista da Times saiu e o texto falando sobre a Luiza escrito feito pelo ex-presidente Lula foi publicado, gerando uma euforia em parte da militância petista que vê a empresária como um excelente nome para vice-presidência com Lula.

Para muitos, inclusive para este articulista que vos escreve, a dona do MAGALU seria tudo aquilo que o Lula precisaria, uma mulher de negócios, bem-sucedida, engajada, com relevância social e que dialoga bem com o mercado, isso acalmaria os ânimos e as conspirações em torno do nome do Lula e da esquerda, já que muitos enxergam a Luiza Trajano como uma espécie de José de Alencar 2.0. Alencar foi vice do Lula nos dois mandatos do ex-presidente petista e é considerado por muitos a escolha que levou Lula a vencer a eleição de 2002, já que o vice era um bem-sucedido empresário do ramo têxtil que aproximou o Lula do mercado e dos empresários.

A união entre Lula e Trajano pode ser o xeque-mate na eleição contra Bolsonaro, já que a fusão dos dois ideais colocaria fim no tal medo do mercado em relação a Lula, que supostamente temeria uma nova ascensão de um líder de esquerda ao executivo nacional. Muita água passará por esta ponte ainda. A própria Luiza se pronunciou dizendo que não sabia que um político escreveria o texto em sua homenagem para a Times, mas caso aceite o desafio, Trajano possivelmente se filiará ao PSB, jogando por terra as expectativas de Kassab e do PSD que hoje acreditam na possibilidade de uma chapa com o Lula formada por um vice do partido de centro, as cartas estão na mesa e o tic-tac do relógio contando seria à Luiza Trajano o que faltava para consumar uma possível derrota de Bolsonaro no primeiro turno?

21/09/2021

BOLSONARO CHORA E IMPLORA PARA CARLUXO NÃO SER PRESO

Que a postura do presidente Jair Bolsonaro mudou muito depois do 07 de setembro é inegável, em especial no que se refere aos ataques às instituições, como: STF, TSE e seus ministros. A conduta surpreendeu até mesmo seus apoiadores, que de certame ficaram desiludidos com o seu "MITO" que os haviam convocados para as ruas, com falas e ameaças de golpe e depois dias após os discursos inflamados em Brasília e em São Paulo, Jair Messias ligou às pressas para os presidente Michel Temer para o socorrer, muitos achavam que o chefe do executivo estaria com medo de uma possível prisão, abertura de impeachment ou até mesmo a iminência da cassação da chapa Bolsonaro/Mourão 2018 que, cedo ou tarde, acabará ocorrendo. Mas como este colunista já tinha adiantado, o grande medo do Bolsonaro girava em torno da prisão de um dos seus filhos, o mais querido inclusive, Carlos Bolsonaro.

Crédito: Reprodução/Facebook

Na última quinta-feira, tudo aquilo que já se desconfiava em relação à mudança de postura do presidente Bolsonaro em relação ao medo de ter um dos filhos presos começou a se consolidar, ao menos é o que relatou nas suas redes sociais o Deputado Federal Paulo Pimenta (PT-RS). Segundo o parlamentar, uma fonte que estava presente na sala com o presidente Jair Bolsonaro teria relatado que o chefe do governo nacional foi informado pelo ex-presidente Michel Temer que o ministro Alexandre de Moraes solicitaria a prisão do Vereador Carlos Bolsonaro logo após a data do 07 de setembro, isso levou o Bolsonaro pai ao desespero. Como ação imediata, Jair ligou para Temer pedindo para que ele se deslocasse para Brasília de forma urgente. Chegando na Capital Federal, o responsável por indicar Alexandre de Moraes promoveu uma ligação entre Jair Bolsonaro e o membro da nossa suprema corte e é aí que surge a suposta cena de descalabro do presidente que no diálogo teria chorado copiosamente pedindo desculpas a Moraes e implorando para o ministro não prender seu filho e que ele prometia nunca mais atacar o STF, TSE e o estado democrático de direito, bem como garantiria que Carluxo se comportaria a partir dali. Outra nova informação que o deputado trouxe diz que o pedido de desculpas feito ao ministro Alexandre de Moraes apesar de aceito, foi questionado, o jurista teria dito que o presidente deveria pedir desculpas públicas ao STF e à nação e não somente a ele em particular.

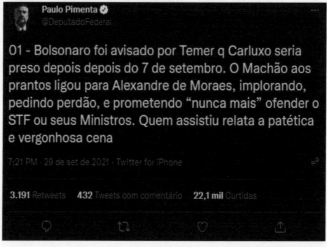

Reprodução: Twitter

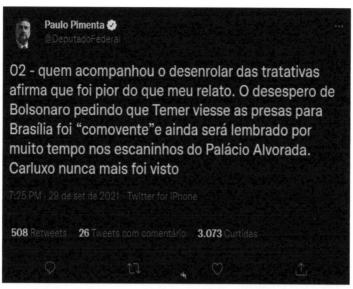

Reprodução: Twitter

Reprodução: Twitter

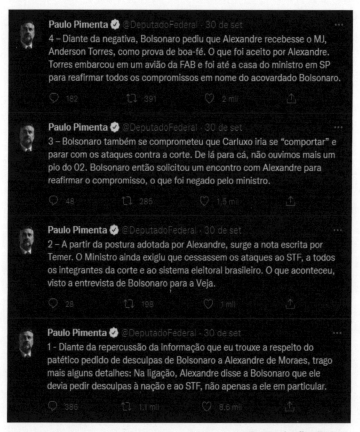

Reprodução:Twitter

Segundo Paulo Pimenta, a fonte que relatou a ele toda a situação teria dito que a cena foi melancólica e patética, sendo inclusive muito pior que a narrativa citada pelo legislador. Apesar das negativas de tal situação por parte de pessoas ligadas ao presidente e ao governo, um fato é inquestionável, Carlos Bolsonaro tem sumido casualmente e quando ressurge, tem sido discreto. Mas qual seria o motivo da solicitação da prisão do Carluxo, e por qual motivo Bolsonaro teria se preocupado ao passo de preferir ficar mal com os seus apoiadores, mas com o filho ao menos temporariamente solto?

Simples, como já reiteramos aqui, o filho mais querido do presidente que é vereador não tem prerrogativas especiais de foro privilegiado e outras prerrogativas que seu pai e os irmãos Flávio e Eduardo têm, com isso, o parlamentar carioca poderia ser preso pelos possíveis crimes que lhe são atribuídos, como liderar o tal gabinete do ódio, disseminar fake news, promover ataques à democracia e ao estado democrático de direito, bem como aos seus agentes. Isso levou o presidente a perceber que sim, seu filho seria preso e o alerta do Michel Temer apenas serviu para deixá-lo mais desesperado, em vez de aceitar fazer o que fez.

Crédito: Reprodução/Tv 247

Uma coisa podemos tirar de efeito dessa informação, Bolsonaro não é tão voraz e ameaçador quanto dizia e percebeu que seus arroubos e dos seus filhos contra a nação poderão ser punidos, não mais com notas de repúdio apenas, mas sim com o cárcere. Aguardemos os fatos que surgirão a seguir.

Setembro de 2021

A EXTREMA-DIREITA CONTINUA FORTE, NÃO SE ENGANE!

No Brasil, com a crescente queda na aprovação do governo Bolsonaro e uma migração de ex-apoiadores para a pré-campanha do ex-juiz e ex-ministro da Justiça Sérgio Moro, muito se tem especulado sobre o futuro da extrema-direita no Brasil e no mundo, já que, além da derrota quase certa em 2022 do desde sempre candidato à reeleição Jair Messias, os estadunidenses já se "livraram" de Trump e, desde o início de 2021, são governados por uma figura que respeita ao menos o jogo democrático, Joe Biden.

A derrota de Trump e a força que o pré-candidato da esquerda Luiz Inácio Lula da Silva tem mostrado nas pesquisas de intenções de votos para o pleito de 2022 quase que sempre faz com que a população que apoia o ex-presidente, que é, até então, o mais bem avaliado da história da nossa república imagine que o Messias Bolsonaro brasileiro será derrotado facilmente e, com a derrocada dele, a extrema-direita brasileira cairá junto, todavia, nossos irmãos latino-americanos, em especial chilenos e argentinos, têm demonstrado que se livrar da AMEAÇA que é a EXTREMA-DIREITA não será algo fácil. Se observarmos o exemplo dos nossos "hermanos" argentinos, Javier Milei, liderança ligada à extrema-direita, foi eleito deputado com cerca de 17% dos votos.

Reprodução: Youtube/Javier Milei 14-11-2021

No Chile, a situação é ainda mais preocupante, já que neste momento que as eleições seguem para o segundo turno, quem lidera as pesquisas ao menos em alguns levantamentos é nada mais, nada menos que o Antônio Kast, extremista de direita, filho de um ex-oficial do exército nazista de Hitler na segunda guerra mundial, que fugiu para o Chile com a derrota germânica. Kast é considerado o Bolsonaro chileno, admira Pinochet, afirmou que, se eleito, irá tirar sua nação do conselho de direitos humanos da ONU e prometeu transformar o Ministério da mulher e dos gêneros em ministério da família, como fez Bolsonaro no Brasil. Esses casos, em nosso continente, já demonstram o quão difícil será superar essa nova onda da extrema-direita que ainda assusta o mundo. Se rememorarmos o início do século passado, lembraremos que o nazismo e o fascismo se ramificaram pela Europa e, mesmo com a morte dos seus idealizadores, Hitler e Mussolini, demorou mais de 50 anos para que as ditaduras com viés fascistas, tanto no velho continente, quanto na América Latina fossem derrotadas.

Reprodução: Redes Sociais/José Antônio Kast

Em menos de 40 anos do fim de tal ameaça, ela volta a surgir com força, o clima de "já ganhou" por parte pessoas que antagonizam com a direita extremista é preocupante, pois, apesar dos sinais que estamos vendo no Brasil com a provável derrocada de Jair Bolsonaro, isso não significará o fim do BOLSONARISMO e não necessariamente enfraquecerá a extrema-direita. Precisamos seguir atentos, denunciando, cobrando, agindo, levando conhecimento e saberes a todos, só assim se pode vislumbrar um caminho para o início do fim do neofascismo no mundo ou de certame o fim não será tão próximo.

Novembro de 2021

BOLSONARO TENTA VOLTAR A 2018, A EXTREMA-DIREITA É O QUE LHE RESTA

Fonte: Reprodução das redes sociais

O ano de 2022 já começou com polêmicas ligadas ao presidente Jair Messias Bolsonaro, que vai tentar reeleição no pleito do "corrente ano", como diria ele. Se em 2021, após 07 de setembro, o chefe do executivo aparentou uma suposta moderação que teria sido incentivada pela ameaça de prisão do filho preferido, Carlos Bolsonaro e a responsabilização das suas ações e/ou omissões no enfrentamento da pandemia da covid-19, por parte dos órgãos responsáveis, o derradeiro ano de seu governo tendeu a começar diferente.

Desde o final do ano de 2021, Bolsonaro já demonstrava seu retorno à personalidade que o levou a vitória no pleito eleitoral em 2018. Frio, racista, preconceituoso, homofóbico, misógino e falando cada vez mais com a extrema-direita. O Brasil viu o chefe do executivo nacional simplesmente ignorando a tragédia ocorrida com as enchentes no Sul da Bahia que, naquela altura, já vitimava mais de 25 pessoas e deixava mais de 90 mil desabrigadas, o presidente literalmente ignorou a situação calamitosa que seus compatriotas viveram naquele momento, a alegação do chefe de governo e chefe do Estado brasileiro foi: "estou de férias". Isso causou revolta até mesmo entre alguns aliados e apoiadores, deixando o Planalto sem justificativa para tal falta de ação do presidente do nosso país.

Fonte: Reprodução das redes sociais

Agora em 2022, além de elevar o tom, inclusive voltando a atacar as vacinas e as urnas eletrônicas, o presidente retomou a narrativa do caso Adélio. Os motivos que trazem o Bolsonaro de volta ao caminho eleitoral de 2018 se fazem através da base frágil que ainda o apoia, em média 20% a 25% das intenções dos votos. Muitos destes que declaram voto no dito Messias ainda se identificam com o radicalismo de extrema-direita de Jair Bolsonaro e a ele só resta caminhar nesta direção e buscar polarizar e radicalizar ainda mais o discurso, afinal se a derrota parece algo inevitável e a prisão uma possibilidade real, ele terá de se abraçar com a sua narrativa extremista na tentativa de ter uma sobrevida no fim do seu governo.

Fonte: Reprodução das redes sociais

No entanto, o maior problema do fascista Jair é não ser tão radical quanto os aliados que ainda o idolatram imaginam, a cada dia o alvo nas costas tem aumentado, o STF e a PGR que, durante todo o período do seu governo pareceram disputar posição um com o outro, enxergam no fim do mandato do presidente que tende a ser derrotado uma exemplar punição. Ao Jair Bolsonaro só resta duas opções: a prisão certa ao término da "gestão" ou se manter como tem feito em sintonia com a extrema-direita e ir para o "tudo ou nada". As narrativas estão sendo lançadas, as táticas repetidas, só que mesmo repetindo a estratégia, disparando fake news e mergulhando cada vez mais no submundo do radicalismo da direita chula, o destino de Jair pode já estar definido.

11/01/2022

QUEIROGA TENTA, MAS NÃO CONSEGUE FUGIR DA CIÊNCIA!!

O atual ministro da Saúde do governo Jair Bolsonaro, o médico cardiologista Marcelo Queiroga, informou que, em primeiro momento, deixaria parte da população confortável e tranquila, diante do negacionismo do ex-ministro Pazuello, que era militar do exército "especializado" em logística, algo que ficou claro que ele não entendia muito, já que ocorreram diversos erros durante sua gestão, justamente na logística, ocasionando situações absurdas, como enviar para o Amapá vacinas que deveriam ir para o Amazonas, além do colapso da saúde em Manaus que, mesmo informado com antecedência do que ocorreria em janeiro de 2021, Pazuello nada fez.

O grande problema do Queiroga é a mudança de discurso a partir do momento que ingressou no governo Bolsonaro. Como médico, em mais de uma oportunidade, o cardiologista afirmou que o tal "KIT COVID" não era eficaz, e que a população não deveria tomar Cloroquina ou Hidroxicloroquina para tratar e/ou prevenir covid, pois estas drogas não tinham efeitos para o vírus; defendia o isolamento, uso de máscaras e tudo que o bom senso e a ciência recomendavam até então.

Tudo mudou quando o Dr. Marcelo assumiu a pasta do Ministério da saúde substituindo Pazuello, que não era da área da saúde e não possuía experiência com a situação que vivíamos. A posse chegou a trazer um certo alívio, afinal, era um médico que já tinha externado publicamente sua opinião sobre as medidas sanitárias.

Dias após assumir a pasta, sua postura mudou completamente do período que não estava à frente do MS, deu aval ao kit covid, inclusive com diretrizes do seu uso no site do ministério, ignorou o app TrateCov, existindo até mesmo a suspeita de sua ação para ajudar a manter o app no ar, chegou a defender a não obrigatoriedade do uso de máscaras, não fez discurso em apoio claro à vacina em nenhum momento, suas falas sempre são em tom de "possibilidades", "talvez", "não sabemos bem os efeitos", "a ciência ainda não pode provar tudo".

No entanto, uma grande "surpresa", acabou por fazer o ministro mudar de opinião, mesmo contra a sua vontade, com a queda nos óbitos dos vacinados com ciclo vacinal correto, redução de casos grave neste público e o aumento de internação, casos graves e óbitos, nos não vacinados ou com ciclo vacinal incompleto, o médico Queiroga reconheceu a eficácia e importância das vacinas. Em visita a São Paulo na última quinta-feira, dia 13 de janeiro, onde estava se discutindo a vacinação infantil, Marcelo Queiroga afirmou que "aqueles que se internam nos hospitais, nas unidades de terapia intensiva, a grande maioria são de indivíduos não vacinados".

Como médico, ele pode até tentar negar a ciência, já que aparentemente existe um interesse político por trás de suas ações ou omissões, mas chega em um ponto que fica impossível contestar fatos científicos que se provam a cada dia. Quando se consulta os dados locais, já que os do ministério da saúde ainda estão offline desde o "ataque hacker", se tem a dimensão das situações. No Rio de Janeiro, segundo a secretaria de saúde, 90,7% dos internados com covid não completaram o ciclo vacinal, outros 37% não tomaram sequer a primeira dose ou a dose única e cerca de 740 mil pessoas aptas a tomar a dose de reforço não compareceram para completar o ciclo vacinal. O grande dilema do médico Queiroga é: vai afundar com o Bolsonaro e o seu regime? Ou tentar deixar esse governo de forma digna e fazendo aquilo que prometeu no juramento de Hipócrates?!

14/01/2022

O BRASIL DEPOIS DE BOLSONARO

Muito se discute sobre como estará o Brasil em 01 de janeiro de 2023, caso as previsões e pesquisas se confirmem, o presidente Jair Bolsonaro será derrotado. O Brasil voltará a ter papel importante na diplomacia mundial? Na geopolítica? Na liderança do Mercosul? Voltará a exercer o soft Power? Quando ser brasileiro passou a ser algo que causava orgulho, não só em nós brasileiros, mas também em muitos estrangeiros que nos viam como um povo feliz e queriam saber a receita dessa felicidade.

Uma coisa se pode falar, qualquer outro político eleito para ocupar o cargo no lugar de Jair Bolsonaro teria um melhor desempenho à frente do executivo nacional, afinal, nestes mais de 3 anos de governo, o Brasil deixou de ser uma nação em ascensão política, social e econômica e mergulhou em um limbo sociopolítico. Sem credibilidade nos grandes fóruns globais, piada entre os líderes mundiais, ignorado pelas grandes potências econômicas. Bolsonaro tornou o Brasil uma nação irrelevante no cenário internacional.

Fonte: Montagem

O presidente eleito, neste pleito de 2022 terá uma difícil missão, fazer o Brasil protagonista outra vez, combater a fome, a pobreza, miséria, desemprego e toda essa engrenagem que se instalou no Brasil pós-impeachment de 2016. Muitos dos apoiadores do ex-presidente Lula acreditam que o Governo do petista será incrível e se recordam do passado, quando o mundo via Lula e o Brasil com outro olhar, mesmo o Lula que é estatisticamente o melhor presidente em avaliação da história do nosso país, terá uma dura missão se eleito. Reestruturar a nação, colocar o Brasil de novo entre as 10 potências econômicas do mundo e, assim como em 2014, tirar o Brasil outra vez do mapa da fome.

Diferente de 2003, onde a situação do Brasil também não era boa, o cenário era completamente antagônico e mais favorável ao crescimento econômico, por exemplo, do que agora. Todo estrago diplomático do governo Bolsonaro levará mais de 4 anos para ser derrotado, o Brasil precisará se reaproximar da China, retomar o protagonismo do BRICS, ser líder da região ao Sul do continente americano.

Para isso, o novo presidente(a) precisará dialogar com empresários, políticos de oposição, autoridades nacionais e internacionais, entidades importantes no campo da política global, passar confiança. Mas o Brasil e os brasileiros precisarão da tal resiliência para se reestruturar, acabar com o patrimonialismo e com a falta de harmonia entre os poderes gerada pelo bolsonarismo e, ainda assim, não teremos uma certeza de por quanto tempo esse mal chamado Jair Bolsonaro e o Bolsonarismo farão parte do cotidiano brasileiro.

15/01/2022

EX-ALIADOS PODEM DELATAR JAIR BOLSONARO E FAMÍLIA

Montagem: Fabrício Queiroz e Abraham Weintraub

A ânsia pelo poder e a necessidade de protagonismo tem feito com que aliados do presidente Jair Bolsonaro, até segunda hora, mudem a postura, deixando o presidente preocupado, afinal, além de amigos que estão confirmando publicamente os supostos esquemas nos gabinetes do clã Bolsonaro que envolvem a "Operação Rachadinha". Agora o autoproclamado pré-candidato Abraham Weintraub, que até outrora era fiel escudeiro do presidente, deixou transparecer que sabe segredos comprometedores sobre o chefe do executivo nacional e sua família e que pode revelá-los.

Reprodução: Inteligência Limitada/Youtube

Tudo isso por conta da declaração que o ex-ministro da educação Weintraub deu no podcast Inteligência Limitada, confirmando publicamente que Bolsonaro foi informado sobre a operação Furna da Onça da polícia federal, que chegou no esquema de rachadinha no gabinete do então deputado estadual Flávio Bolsonaro, que teria o Fabrício Queiroz como sendo o operador principal do esquema na assembleia legislativa do estado do Rio de Janeiro.

Weintraub confirmou que ainda no período de transição do governo Temer para o governo Bolsonaro, o recém-eleito presidente teria dito para ele e outros futuros ministros como o Onyx Lorenzoni e, apontando para o Flávio Bolsonaro, que ele tinha informações sobre uma operação da polícia Federal que chegaria no filho ZERO UM, mas que o Flávio teria de resolver e que não seria problema dele, e sim do Flávio. A polêmica estaria no fato de a família Bolsonaro sempre ter negado essa informação que foi divulgada anteriormente pelo Paulo Marinho, empresário e agora algoz da família Bolsonaro, que cedeu sua casa no Rio para funcionar como QG da campanha de Jair em 2018. Mas, com as declarações do Weintraub, tal fato se confirma.

Além de Paulo Marinho, Weintraub, Wassef, Queiroz e cia, agora surgiu um ex-amigo do "Mito", apelidado de JACARÉ.

Reprodução: Redes Sociais

Olha a ironia, JACARÉ, que já trabalhou com o clã e confirmou que existia sim o esquema de RACHADINHA e chegou até confirmar quem operava o esquema. Queiroz também mandou um recado direto ao PR (PRESIDENTE), anunciou que será candidato a deputado federal mesmo sem o apoio de Jair. Isso vem sendo apontado como uma mensagem de Queiroz para Bolsonaro não o abandonar, já que ele tem sido preterido pelo presidente, que irá apoiar seu segurança, Max, que usará o pseudônimo de Max Bolsonaro para concorrer ao cargo de deputado federal.

Segundo pessoas próximas ao presidente, a declaração do ex-ministro da educação aconteceu por conta de sua insatisfação por não receber o apoio de Bolsonaro e seus filhos para concorrer ao cargo de governador de São Paulo. Isto teria aberto essa séria cisão entre a família Bolsonaro e o agora, assim por dizer, ex-aliado. Enfim, os recados foram dados, Jair se encontra agora em um campo minado, onde precisará calcular qual ex-aliado seria mais perigoso para saber onde pisar. Afinal, para quem tem tantos segredos como a família Bolsonaro, quanto menos pessoas souberem, melhor será.

21/01/2022

MORO PODE SER SENADOR PELO DISTRITO FEDERAL

Alguns dias atrás, o ex-ministro do STF, Joaquim Barbosa, foi convidado por Sérgio Moro para uma reunião, cuja pauta era a formação de uma chapa unindo Moro e Barbosa. O ex-decano do STF prontamente melou os planos do ex-magistrado, deixando claro que não seria vice de nenhum presidenciável e que não tem pretensões políticas em 2022. Após a reunião, Joaquim Barbosa teria supostamente dito a pessoas próximas que Moro apresentava INSEGURANÇA na fala e que passava impressão que teria um PLANO B para o pleito de 2022.

Esse plano B envolveria a candidatura para um cargo majoritário, só que não para o executivo nacional, mas sim para o cargo de senador da república. A grande questão seria o motivo por trás do plano B do Moro, por qual motivo o ex-juiz da lava-jato e ex-ministro da justiça que até pouco tempo apareceu mais com mais de 12% nas pesquisas e agora oscila entre 4% e 8%, estaria pensando em não ser mais um candidato presidenciável? A explicação seria o clima hostil dentro do próprio PODEMOS, o partido que é presidido por Renata Abreu, que teria uma divisão de opinião dura em relação ao nome do ex-juiz para o cargo de presidente.

O motivo para as cobranças dos parlamentares, em especial dos deputados da bancada do PODEMOS, que chegaram a dizer que sairiam do partido caso Moro não desistisse da candidatura à presidência, envolvem muitas questões políticas que vão desde o fundo eleitoral, até as alianças regionais do partido, que em alguns estados do Nordeste têm proximidade com a esquerda petista, enquanto no Sul e Centro-Oeste, teria proximidade com o presidente Jair Bolsonaro.

A base do PODEMOS na câmara dos deputados tem votado em peso nas pautas favoráveis ao governo federal. Eles questionam que, se Moro for candidato, o partido pode perder deputados no congresso e que isso poderia impactar tanto no fundo partidário, quanto no fundo eleitoral, já que uma candidatura de Moro à presidência pelo PODEMOS geraria uma possível debandada, em contrapartida à redução das cadeiras do partido no congresso.

Reprodução: Redes Sociais

Os membros da sigla apresentaram algumas opções ao Moro: a primeira seria deixar a agremiação e ir para o União Brasil, partido que surgiu da fusão entre DEM e PSL que conta com cerca de 1 bilhão de reais em fundo eleitoral. Neste cenário, Moro seria cabeça de chapa pelo UB e o vice na chapa seria Renata Abreu, presidente do PODEMOS. A outra opção apresentada foi a de que Moro confirmaria a candidatura ao senado pelo Paraná e tudo estaria resolvido, só que o Paraná é o estado de Álvaro Dias, padrinho político do ex-juiz, e Dias já confirmou que se lançará candidato ao senado pelo estado, justamente pelo PODEMOS. Com isso, Moro já teria contratado uma empresa de pesquisas para saber onde ele teria mais chances de vencer uma eleição para o cargo de senador da república. Na pesquisa, supostamente, foram checados cenários no Paraná, São Paulo e no DF e, segundo pessoas que alegam ter visto os dados das pesquisas, Moro teria apresentado melhor resultado no DF. Como muitos acreditam que o interesse de Moro é o foro privilegiado, tem político dizendo até que o Moro pode ser candidato a deputado federal.

Moro nega que irá desistir da vaga de presidente e alega que se mantém firme na corrida. O que você acha? Qual o interesse do Moro? Ele vai renunciar à candidatura à presidência? Vai enfrentar os colegas de partido? Vai fugir da corrida eleitoral? Comenta aí.

22/01/2022

ERROS NA ESTRATÉGIA DO PT, AJUDA NO CRESCIMENTO DE BOLSONARO

Muitas vezes, as críticas que são feitas à esquerda e suas estratégias são injustas, mas não se pode negar que o PT tem repetido vários erros de 2018. Um dos principais é o atraso no início da pré-campanha, a chapa Lula/Alckmin, que seria lançada em fevereiro, mudou para março e agora tem data prevista para 30 de abril. A comunicação com o povo precisa melhorar, em especial com a ajuda das novas tecnologias; falar não apenas para os convertidos, e sim com aqueles que não gostam do PT ou do Lula, tanto por Fake News ou por não entender qual é o projeto de país que o Partido dos Trabalhadores possui.

Em 2018, mesmo com o Lula preso em abril e toda a articulação entre Dallagnol e Moro para manter o Lula na prisão e tirá-lo da corrida eleitoral, a legenda que já venceu 4 pleitos para o executivo nacional no Brasil, foi até as últimas consequências, só lançando o Haddad em setembro daquele ano, cerca de um mês antes votação para o primeiro turno. Naquela altura, o Professor já tinha deixado de participar de alguns debates, pois ainda contava como vice e os debates eram para os presidenciáveis.

Reprodução: Redes Sociais

Para complicar ainda mais, no dia 06 de setembro, veio a fatídica facada que ajudou a impulsionar cada vez mais o nome de Bolsonaro. Na semana do primeiro turno, o Juiz considerado parcial pelo STF, Sérgio Moro, divulgou uma suposta delação premiada de Antônio Palloci, entregando supostos esquemas de corrupção na gestão do PT, isso ajudava diretamente Jair Messias Bolsonaro, as delações foram revistas posteriormente, todavia não tinha solidez nem provas nas denúncias, no entanto o fato político estava criado.

Após a derrota de 2018, se esperava do PT uma melhora, que não veio na eleição de 2020, onde o partido não elegeu nenhum correligionário em capitais no país, em São Paulo o resultado foi terrível. As mudanças que não aconteceram em 2020, de certame se esperava ocorrer em 2022. Com os atrasos e as falhas de comunicação nas redes, o que estamos vendo é uma redução da distância entre Lula e Bolsonaro, que até algumas semanas atrás, ocorria dentro da margem de erro. O problema é que nas últimas pesquisas em relação ao segundo turno, em especial a diferença entre Lula e Bolsonaro que já chegou a 22% para o ex-presidente petista, agora estaria em torno de 10%. Isso tem preocupado pessoas que acompanham a política e que esperam uma volta do Lula ao poder. O presidente Bolsonaro tem a máquina pública na mão e as milícias digitais que espalham Fake News. Jair tem se movimentado para liberar valores do FGTS, subsidiar custos para reduzir o preço do combustível e cogita até a possibilidade de aumentar valores do Auxílio Brasil, tudo isso para tentar derrotar Lula, que lidera as pesquisas.

Crédito: Ricardo Stuckert/PT

As falhas do pré-candidato do PT estão diretamente ligadas à falta de compreensão das redes, frases que trazem polêmicas desnecessárias, como as recentes em relação à classe média e seu consumo e ao pedido de cobrança dos políticos em suas residências, que tem servido de munição para a oposição bolsonarista. Nas redes, o drama é grande, no canal do Lula basicamente se postam longas entrevistas em rádios do interior do Brasil, que têm um público diferente das redes sociais. Cortes para Tik Tok, Reels, Shorts e outras redes, praticamente não existem. A impressão que alguns apoiadores começam a ter é que se acredita em uma estratégia que dependeria muito do Bolsonaro. Caso esse seja o intuito, é grave e perigoso. Lula precisa ser mais presente na internet, produzindo conteúdo direcionado para as redes sociais que possuem perfil o quanto antes, caso contrário acabará por municiar ainda mais os radicais de extrema-direita. Se os erros forem corrigidos logo, aí sim teria uma longa estrada para consolidar uma vitória, seja ela no primeiro ou no segundo turno.

09/04/2022

PESQUISAS E MAIS PESQUISAS: EM QUAL TIPO DE PESQUISA CONFIAR?

Nos últimos anos, se intensificou ainda mais a quantidade de pesquisas que são feitas para os pleitos eleitorais. Com as novas tecnologias e o crescimento das redes sociais, mentiras se espalham muito rapidamente pela internet e aplicativos, falas como: "quem estaria pagando para realização destas pesquisas?", "a Globo quer manipular as pesquisas", "quem confia no Data Folha?". Muitas destas questões já foram ouvidas ou lidas por muitos de vocês, tais dúvidas são levantadas por conta das oscilações que ocorrem entre as pesquisas, não se tem uma única metodologia, o que é até normal, existem pesquisas por telefone, virtuais, face a face, que, apesar da busca por uma boa estratificação, acaba sempre por mostrar que possuímos estamentos complexos, até mesmo nas pesquisas.

Os questionamentos estão sendo levantados pela evidente distância entre pesquisas feitas por telefone, muito utilizadas pelo PODERDATA e pesquisas feitas face a face, como as que são feitas pela GENIAL/QUAEST e pela SENSUS. Uma apresenta praticamente um empate técnico, a outra vitória de um dos principais candidatos no primeiro turno. Apesar de sabermos há muito que pesquisas por telefone acabam por se tornar censitárias, nos moldes da primeira república, já que muitos trabalhadores não atendem telefone durante o horário de trabalho, nem todos têm celulares ou telefone fixo, outro fato é: não se sabe se as pessoas que estão do outro lado da linha têm idade eleitoral, enfim, existem muitas lacunas. Já a pesquisa presencial é o encontro cara a cara entre o representante do instituto de pesquisa e o eleitor. Muitos analistas de dados consideram tal formato como sendo o mais próximo do que seria o resultado eleitoral real.

PoderData
1º TURNO - CENÁRIO 1
INTENÇÃO DE VOTO PARA PRESIDENTE
se a eleição fosse hoje, você votaria em qual dos candidatos?*
10-12.abr.22 (em %)

Candidato	%
Lula (PT)	40
Bolsonaro (PL)	35
Ciro (PDT)	5
Doria (PSDB)	3
Janones (Avante)	3
Tebet (MDB)	2
Eymael (DC)	1
d'Ávila (Novo)	0
Péricles (UP)	0
Manzano (PCB)	0
Vera (PSTU)	0
branco/nulo	7
não sabem	4

diferença: 5 p.p.

Crédito: PODERDATA

Depois que a pesquisa do PODERDATA foi divulgada, muitos passaram a criticar a efetividade da pesquisa por telefone, afinal, na pesquisa feita entre os dias 10 e 12 de abril com mais de 3000 mil pessoas supostamente em idade eleitoral, nas 27 unidades da federação, o resultado foi: entre os dois pré-candidatos em destaque, Lula aparece com 40% das intenções de votos, seguido por Bolsonaro com 35% das intenções de voto, ou seja, a diferença entre o ex-presidente e o atual, em tese, teria caído para 5%, mas a diferença é a mesma mostrada em novembro de 2021, quando o ex-presidente do PT aparecia com 34% e o Jair Bolsonaro com 29%, todavia, diferença de 5%, entenderam? A pesquisa mantém a diferença entre os candidatos, ao analisar corretamente os dados não se tem tal ascensão do presidente Bolsonaro em relação ao ex-presidente Lula.

Crédito: PODERDATA

Quando o formato da amostragem vai para o face a face, Lula lidera em grande proporção, na última pesquisa inclusive, feita pela SENSUS, venceria a eleição em primeiro turno, com 50,8% dos votos válidos, contra 43,3% da soma dos votos válidos totais dos outros candidatos. A pesquisa SENSUS foi feita entre os dias 8 e 11 de abril, com cerca de 2 mil entrevistas domiciliares com pessoas a partir de 16 anos, em 108 municípios nas cinco regiões do país. A margem de erro é de 2,2 pontos percentuais para mais ou para menos e o intervalo de confiança é de 95%.

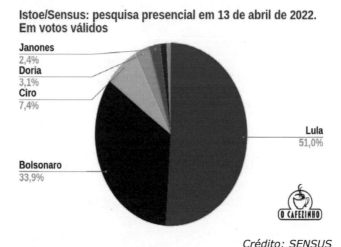

Crédito: SENSUS

Com diferenças tão grandes entre os dados, o eleitor fica confuso, se questionando em qual pesquisa acreditar? A resposta não é tão simples, a pesquisa serve para ajudar a interpretar os cenários, mas até as análises de dados podem ter divergências grandes, normalmente as pesquisas reproduzem de forma muito aproximada o cenário eleitoral, mas com as mudanças econômicas e tecnológicas, os critérios das análises acabaram mudando. Hoje quem trabalha com pesquisa política sabe que as informações presenciais têm mais valor qualitativo, algo que difere nas pesquisas por telefone onde o que se acaba tendo é um maior valor quantitativo.

A opinião deste que escreve este artigo é: acredita que o ex--presidente Lula hoje tenha entre 42% e 46% nas pesquisas, enquanto Bolsonaro tem entre 27% e 31% das intenções de voto. Comentem abaixo: como você acredita que é o cenário hoje? E como acha que será em outubro?

LULA TEM DIREITO À ESCOLTA ARMADA! MAS BOLSONARISTAS ACHAM QUE NÃO

Reprodução Redes Sociais

A hipocrisia de parte da direita e extrema direita brasileira não tem limites, apoiadores e ex-apoiadores do presidente Bolsonaro, tem criticado o ex-presidente Lula por contar de sua escolta armada, isso mesmo, você não entendeu errado. Para o deputado Kim Kataguiri e o armamentista Bene Barbosa, o pré-candidato do PT não deveria ter armas na escolta armada, pois, é contrário a facilitação do acesso as armas de fogo pela população.

O Deputado Federal, Kim Kataguiri, que achou um absurdo a Alemanha ter acabado com o partido nazista, postou associando o ex-presidente Lula a uma suposta hipocrisia, tudo isso porque a esquerda não defende uma facilitação no acesso as armas de fogo, porém, proteção que é feita ao presidente Lula, é justamente gerida por profissionais da segurança pública, que é exatamente o que a esquerda defende. Armas de fogo nas mãos das foças de seguranças públicas.

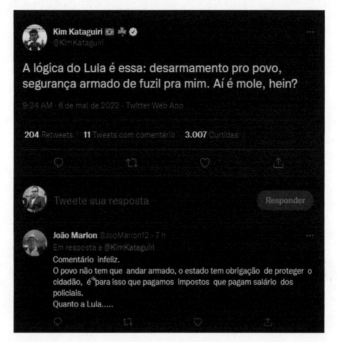

Reprodução Redes Sociais

O detalhe é que escolta serviço é estabelecido para todos os pré-candidatos, por motivo de segurança, tão logo, não é somente Lula que conta com tal proteção. A mesma narrativa do Kim foi replicada pelo escritor bolsonarista Bene Barbosa, onde insinua que já que o presidente Lula defende o desarmamento, ele não deveria ter escolta armada. Esse discurso é perigoso e mostra a falta de noção em relação aos apoiadores de Jair Bolsonaro. Precisamos lembrar que em 2018 quando o presidente Bolsonaro foi esfaqueado as principais lideranças da esquerda se manifestaram de forma solidária ao candidato do PSL naquela época.

Reprodução Redes Sociais

A segurança de figuras da esquerda como Lula e Ciro é de extrema importância, dada a situação que estamos vivendo no Brasil dos "patriotas bolsonaristas" que, por vezes, tentam impor seu ponto de vista através do ódio e violência. Marcelo Freixo, por exemplo, é pré-candidato ao Governo do Estado do Rio de Janeiro neste momento e já teve um irmão morto por milícias no Rio. Vários planos para tirar sua vida já foram descobertos e ele só está vivo até hoje, pois conta com a proteção da escolta policial. Marielle Franco foi sua aluna, assessora e eleita vereadora e, por conta do ódio e violência, vivendo no Rio de Janeiro, foi morta em 2018, junto com o seu motorista Anderson, por pessoas ligadas à milícia e ao crime organizado no Rio, apontam as investigações. Voltando ao caso do ex-presidente Lula, a sua caravana foi atingida por disparos de arma de fogo no Paraná em 2018, hoje tem circulado na internet imagens de supostos CACs praticando disparos em estandes com a foto do ex-presidente Lula, uma clara ameaça à vida de Luís Inácio. Não se pode esquecer também do ex--deputado federal Jean Wyllys, que precisou deixar o país e renunciar ao seu mandato por conta da quantidade de ameaças de morte que recebeu. Posto tudo isto fica a pergunta: vale colocar a vida de um opositor político em risco por mero ódio? A resposta por parte deste articulista é óbvia, NÃO! Porém, para os patriotas Bolsofascistas, eles deveriam morrer ou ser deixados à própria sorte.

07/05/2022

pólen soft 80 g/m²
tipologia merriweather
impresso no outono de 2022